时代印记

王志艳 编著

寻找

岳飞

延边大学出版社

图书在版编目（CIP）数据

寻找岳飞 / 王志艳编著 . —延吉：延边大学出版社，2013.8(2020.7 重印)

ISBN 978-7-5634-5901-8

Ⅰ . ①寻… Ⅱ . ①王… Ⅲ . ①岳飞（1103～1142）—传记—青年读物②岳飞（1103～1142）—传记—少年读物 Ⅳ . ① K825.2-49

中国版本图书馆 CIP 数据核字 (2013) 第 210011 号

寻找岳飞

编著：王志艳
责任编辑：李　宁
封面设计：映像视觉
出版发行：延边大学出版社
社址：吉林省延吉市公园路 977 号　邮编：133002
电话：0433-2732435　传真：0433-2732434
网址：http://www.ydcbs.com
印刷：唐山新苑印务有限公司
开本：690×960　1/16
印张：11 印张
字数：100 千字
版次：2013 年 8 月第 1 版
印次：2020 年 7 月第 3 次印刷
书号：ISBN 978-7-5634-5901-8
定价：29.80 元

版权所有　侵权必究　印装有误　随时调换

前言

历史发展的每一个时代，都会有对后世产生巨大影响的人物，都会有推动我们前进的力量。这些曾经创造历史、影响时代的英雄，或以其深邃的思想推动了世界文明的进步，或以其叱咤风云的政治生涯影响了历史的进程，或以其在自然科学领域中的巨大成就为人类造福……

总之，他们在每个时代都留下了深深的印记，烙上了特定的记号。因为他们，历史的车轮才会不断前进；因为他们，每个时代的内容才会更加精彩。他们，已经成为历史长河的风向标，成为一个时代的闪光点，引领着我们后人走向更加深邃的精神世界和更加精彩的物质世界。

今天，当我们站在一个新的纪元回眸过去的时候，我们不能不提起他们的名字，因为是他们改变了我们的世界，改变了人类历史的发展格局。了解他们的生平、经历、思想、智慧，以及他们的人格魅力，也必然会对我们的人生产生深刻的影响。

为了能了解并铭记这些为人类历史发展做出过巨大贡献的人物，经过长时间的遴选，我们精选出一些最具影响力、最能代表时代发展与进步的人物，编成这套《时代印记》系列丛书，其宗旨是：期望通过这套青少年乐于、易于接受的传记形式的丛书，对青少年读者的成长产生潜移默化的影响，使他们能够从中吸取到有益的精神元素，立志奋进，为祖国、为人类作出自己的贡献。

前言

时代印记

　　本套丛书写作角度新颖，它不是简单地堆砌有关名人的材料，而是精选了他们一生当中最富有代表性的事迹与思想贡献，以点带面，折射出他们充满传奇的人生经历和各具特点的鲜明个性，从而帮助我们更加透彻地了解每一位人物的人生经历及当时的历史背景，丰富我们的生活阅历与知识。

　　通过阅读这套丛书，我们可以结识到许多伟大的人物。与这些伟人"交往"，也会进一步提高我们的思想品格与道德修养，并以这些伟人的典范品行来衡量自己的行为，激励自己不断去追求更加理想的目标。

　　此外，书中还穿插了许多与这些著名人物相关的小知识、小故事等。这些内容语言简练，趣味性强，既能活跃版面，又能开阔青少年的阅读视野，同时还可作为青少年读者学习中的课外积累和写作素材。

　　我们相信，阅读本套丛书后，青少年朋友们一定可以更加真切、透彻地了解这些伟大人物在每个时代所留下的深刻印记，并从中汲取丰富的人生经验，立志成才。

Introduction

　　岳飞（1103—1142），字鹏举，中国历史上著名的战略家、军事家和抗金英雄。在宋金对峙的历史时期，他连结河朔的民间抗金武装，率领岳家军四次北伐，三援淮西，立下了赫赫战功，成为两宋以来最年轻的建功封侯者，被历史学家誉为宋、辽、金、西夏时期最为杰出的军事统帅和南宋中兴四将（岳飞、韩世忠、张俊、刘光世）之首。无论敌友，均对其做出高度评价，甚至金军统帅完颜兀术都曾感叹道："撼山易，撼岳家军难！"

　　岳飞出生于相州汤阴县永和乡孝悌里（今河南省安阳市汤阴县菜园镇程岗村）的一个普通农民之家，早年生活困苦，曾为谋生做过"庄客"和"游徼"。不过，艰苦的生活环境也磨练了他坚忍不拔的性格和意志。

　　北宋宣和四年（1122），北宋政府乘金辽混战之际出兵幽云十六州，企图收复被辽国霸占达百余年之久的故土。年仅20岁的岳飞毅然投身军旅，参加了北宋朝廷组织的"敢死士"，出征燕京。

　　从此之后，岳飞便与军旅结下不解之缘。他四次投军，三次离开行伍，直到第四次投军时才立稳脚跟，从一名普通士卒逐级上升，并很快脱颖而出，最终成为两宋之际最年轻、最有作为的军事统帅。

　　在战斗中，岳飞以杰出的军事指挥才能，率领岳家军同金军进行了大小数百次的战斗，战江南，收建康，复襄阳，战洞庭，克伊洛，进蔡州，所向披靡，无坚不摧，沉重地打击了侵略者的嚣张气焰，也为江南稳定和社会发展创建了和平、稳定的社会环境，深受百姓和士卒们的爱戴。

　　在绍兴十年（1140）的第四次北伐中，岳飞更是在很短的时间内重创十

时代印记·导言

余万金军铁骑，接连取得郾城大捷、颍昌大捷和朱仙镇大捷，极大地鼓舞了百姓和士卒们收复中原的信心。然而，在这关键时刻，岳飞却遭到昏庸的高宗皇帝和奸相秦桧的阻挠，不得不班师回朝，终致"十年之功，毁于一旦"。

绍兴十一年（1142）十二月二十九日，在高宗皇帝的默许之下，秦桧、张俊、万俟卨一伙奸臣以"莫须有"的罪名将岳飞毒死于临安，英雄的一生黯然落幕。

本书从岳飞的儿时生活开始写起，一直追溯到他成为南宋时期最杰出的军事家和战略家，再现了这位民族英雄忠贞爱国的传奇人生，旨在让广大青少年朋友了解这位南宋时期的抗金英雄不平凡的人生经历，从中汲取他那种刚直不阿、不畏外强的爱国主义精神，以及学习他那种热爱祖国、热爱人民、坚决反抗外辱的精神力量。

目 录
contents

第一章　年少磨砺　/1

第二章　青年佃客　/11

第三章　从军报国　/19

第四章　勇战金军　/27

第五章　岳母刺字　/35

第六章　越职上书　/45

第七章　投奔宗泽　/54

第八章　高宗出逃　/63

第九章　威震四方　/71

第十章　收复建康　/81

第十一章 剿寇平叛 /90

第十二章 "精忠岳飞" /97

第十三章 拜节度使 /105

第十四章 智取杨么 /113

第十五章 北伐中原 /120

第十六章 淮西突变 /129

第十七章 宋金和谈 /138

第十八章 决战郾城 /145

第十九章 前功尽弃 /153

第二十章 千古冤情 /160

岳飞生平大事年表 /167

第一章　年少磨砺

莫等闲，白了少年头，空悲切！

——（宋）岳飞

（一）

北宋末年，政治昏暗，奸臣当道，官府横征暴敛，再加上灾荒连年，致使饿殍遍野，生灵涂炭，百姓敢怒不敢言。

元符三年（1100）春，年仅20岁的宋哲宗赵煦（1076—1100年，1085—1100年在位）驾崩。宋哲宗之死在朝廷上下引起了一片慌乱，一是因为皇帝早夭，文武大臣们尚未做好拥立新君的准备；二是因为宋哲宗无嗣，这也进一步加剧了政局的复杂性。宰相章惇力主立宋神宗赵顼（1048—1085年，1067—1085年在位）的第九子、宋哲宗之弟申王赵佖为新君，但皇太后向氏则坚实推举神宗第十一子端王赵佶为帝。

赵佶行为轻佻，沉迷于声、色、书、画，毫无政治才能，对此，满朝文武都十分清楚。章惇更是极力反对，其至当着太后的面直陈道：

"端王轻佻，不可以君天下。"

然后，太后却铁了心要立赵佶为新君。在这关键时刻，一些只会逢迎拍马的大臣见风使舵，纷纷倒向太后一边，章惇势单力孤，根本无法扭转局势。不久，端王赵佶就被召入皇宫，在哲宗的灵前继位为新君，是为宋徽宗。

宋徽宗吟诗、作画、蹴鞠（即古代的足球运动）、走马样样精通，就是不知如何理朝政。谁能在游赏玩乐方面投其所好，谁就能得到重用。后来把持朝政多年的高俅就是靠踢一脚好球而受到赏识的。

高俅本是浪荡子弟，不学无术，除了会玩蹴鞠之外，一无所长。但他正是靠这一点得到了赵佶的赏识。赵佶当皇帝之后，高俅自然是步步高升，一直做到殿前都指挥的位子，还被授予"使相"的高阶。殿前都指挥使是禁军的统帅，"使相"的意思是跟宰相平起平坐，可以行使相权。由此可见高俅的权力之大。

在徽宗一朝四次出任宰相、把持朝政达17年之久的蔡京则是因为写得一手好字而受到了徽宗的赏识。

有这样一个视国家权力如儿戏的风流才子当皇帝，怎么能管理好国家呢？更何况，当时的北宋王朝内忧外患，已经积重难返，就算是有明君贤主降生也未必能扭转局面。就朝廷内部而言，宋廷官僚机构臃肿，人浮于事；土地兼并严重，失地农民比比皆是；皇亲国戚挥霍无度，国家财政入不敷出。就内外关系而言，北宋所处的地位也极为被动。宋廷西北有西夏，北有大辽，两国虎视眈眈，经常骚扰中原，其中尤以大辽的祸害为甚。

后唐末年，后唐河东节度使石敬瑭反唐自立，向辽国求援。辽太宗（902—947年，927—947年在位）与石敬瑭约为父子，帮助石敬瑭攻打后唐，但条件是石敬瑭立国后必须将幽云十六州割让给辽国。幽云十六州又称燕云十六州、幽蓟十六州，范围在今天北京、天津以及山西、河北北部等地。

石敬瑭竟然毫不犹豫地答应了辽太宗的这一要求，并在辽国的帮助下建立了后晋。后晋天福三年（938），石敬瑭将燕云十六州之地割给辽国，使其疆域扩展到长城沿线。中原的封建王朝一直以此为奇耻大辱，多次想收回幽云十六州，但均未成功。

北宋立国后，历代皇帝也多次向辽国用兵，企图收复失地，但皆以失败告终。景德元年（1004），宋真宗赵恒（968—1022年，997—1022年在位）被逼无奈，只得与辽国签订"澶渊之盟"，与辽国结为兄弟之国，每年向其纳贡30万两白银，才最终换来了屈辱的边境之安。

自真宗皇帝以来，北宋历代皇帝无不想着打败辽国，收复幽云十六州，一雪前耻。神宗时期，皇帝赵顼重用著名的政治家王安石，推行变法，企图中兴。可惜的是，王安石变法遭到了皇亲贵族和大地主的抵制，最终不了了之，王安石也因此郁郁而终。不过，王安石仍然取得了一定的成效，帮助北宋积累了不少金帛、粮饷。

王安石变法时代所积蓄的财富本来是用于装备军队，以"吞服"西夏和辽国的。但在宋哲宗时期，奸臣弄权，祸乱朝政，竟然盯上了这笔巨大的财富。宋徽宗上台之后，其奢侈挥霍程度与哲宗相比，简直是有过之而无不及。蔡京、童贯、梁师成、高俅等弄臣更是趁机怂恿徽宗及时享乐。蔡京之子蔡攸就劝说徽宗说：

"以四海为家，太平为娱，何必徒劳自苦呢？"

在奸臣的蒙蔽之下，宋徽宗这位风流皇帝还真以为天下富足，四海升平，竟然将神宗一朝积累的财富全部挪用于大兴土木、扩建宫殿、建造园苑。他们每天役使上万民夫，铸造重达11万千克的九鼎、修建用于安放九鼎的九成宫、兴造供祭祀用的名堂和奢侈豪华的延福宫等。

不久，徽宗皇帝又在京城堆设万岁山。北宋的京城汴梁（今河南省开封市）地处华北平原，地势平坦，堆设高山并非易事。但这一切都难不倒昏庸的宋徽宗，他强令各地官员搜刮民脂民膏，从太湖、慈溪（今浙江省慈溪市）、灵璧（今安徽省灵璧县）等地开采奇石，移植花木，经由京杭运河，转道汴河，运抵京城，名曰花石纲。

（二）

太湖、灵璧等地的奇石玲珑美观，高达数丈。据史书记载，一块高约3.3米的太湖石需要数千名船夫来搬运。载运花石纲的船只所过之处，拆毁桥梁、城墙、水门无数，当地百姓几无宁日。装花石纲的船太多，运河河道容纳不下，只得取道于海。每遇风涛，船毁人亡，死者不计其数。更为致命的是，经办官吏往往从中渔利，巧取豪夺，无恶不作，大发横财。据说，一根竹子从浙江运到京城的花费竟多达50贯，相当于一个自足之家的全部家产。

数年之后，万岁山成，周十余里，高达90步。山的上上下下，修满了楼台亭阁和水榭桥梁。徽宗皇帝以千百万百姓的脂膏血汗和生命为代价，终于换来了这个穷奢极欲的赏玩游观场所。

宋徽宗还迷信道教，以至不能自拔。蔡京、高俅一伙投其所好，纷纷为他引荐方士。温州道士林灵素善幻术，他初见徽宗就吹捧说：

"陛下乃是长生大帝君降世。"

徽宗大喜，立即赐其号为"通真达灵先生"，并在宫中为其修建上清宝箓宫。据史书记载，上清宝箓宫有密道与皇宫相连，以便徽宗能随时与道士们谈经论道。从此之后，徽宗对道教的迷信一发而不可收拾，不但命令各地州治、府治修建道观，赐予田产，还专门制定了道官、道介名称和升迁序列，给道士授官、授禄。林灵素被封为冲和殿侍晨、金门羽客，并赐金牌，准许随时进出皇宫。

所谓"一人得道，鸡犬升天"。林灵素得了高官厚禄，他的弟子们也纷纷被授予官阶，支取朝廷的俸禄，几近两万人。徽宗一朝，花在道教迷信上的费用成了国家财政的沉重负担。更为严重的是，身为皇帝的徽宗不理朝政，整天和道士们混在一起，装神弄鬼，编造"天书"，欺世惑众，还自称为"教主道君皇帝"。

宋徽宗继位的初期，朝廷官员迅速增加，财政开支也急剧膨胀。到崇宁二年（1103），即赵佶继位为帝的第三年，宋廷就出现了严重的入不敷出的情况。全年的财赋课税等各项收入总和仅仅能供应八九个月的支用。

为弥补财政亏空，徽宗多次铸造当五、当十的大钱，又一再增加茶税定额，并将原由政府出钱征购的绢帛和谷物改为无偿榨取。但这一切都无济于事，只能进一步激化官民矛盾，加剧北宋王朝的灭亡。

在北宋治下的河北西路真定府（今河北省正定县）相州（今河南省安阳市）汤阴县（今河南省汤阴县）永和乡孝悌里，有一户姓岳的农民，户主名叫岳和。岳家世代务农，岳和之祖岳成、父亲岳立均是农民。岳和成年后娶亲姚氏，先后育有4个儿子和一个女儿。不幸的是，4个儿子未及成年就全部夭折了。岳和伤心不已，姚氏也终日以泪洗面。

崇宁元年（1102）秋，时已36岁的姚氏再次有了妊娠反应。岳和高兴不已，包揽了家中所有的活计，不再让妻子参加劳动。姚氏也小心翼翼地保护着肚子里的胎儿。时光荏苒，转眼间就到了姚氏分娩之期。

崇宁二年农历二月十五日黄昏，姚氏感到腹中传来阵阵隐痛，忙令岳和去请产婆。产婆颤巍巍地来到岳家，一边查看姚氏的情况，一边吩咐岳和去准备热水、剪刀等物，以备使用。岳和不敢怠慢，忙里忙外，进进出出，很快就把妻子生产所需之物全部准备齐全了。

当时有个迷信的说法，认为产房乃是大凶之地，男子不宜入内。因此，岳和准备好一切之后，就在院子里踱来踱去，焦急地等待着孩子的降生。夜幕悄然降临，一轮明月升上高空。岳和望着满月，又喜又急地独自嘀咕着：

"怎么还没有出生呢？"

就在这时，岳和突然看见一只大鹏鸟扇着翅膀从院子上方飞过。几乎与此同时，产房里传来一阵嘹亮的啼哭声。岳和对着大鹏鸟远去的方向拜了拜，默默祷祝道：

"大鹏鸟是给岳某送子来了，多谢多谢！"

岳和刚说完，女儿就欢天喜地地跑过来喊道：

"爹爹，娘生了一个小弟弟。"

岳和闻讯大喜，连声念道：

"阿弥陀佛，佛祖保佑。"

这时，产婆也从产房里走了出来，笑着向岳和说道：

"恭喜岳先生喜得贵子，快给孩子取个名字吧！"

与当时的大多数农民不同，岳和识几个字，在乡人中也多被称为"先生"。岳和想也不想，就脱口说道：

"此子在兄弟间排行第五，乳名就唤作五郎吧！适才孩子降生之时，恰好有一只大鹏鸟从院落上方飞过，就单名'飞'吧！"

这个在月圆之夜降生的男婴，就是日后叱咤风云的抗金英雄岳飞。按照古代的习俗，男子"二十弱冠"，即宋时俗称的裹头之礼。实行裹头之礼时，要给长大成人的男子取表字。因此，岳飞后来取了一个表字为"鹏举"，与其名相互照应。由于北宋时期男子从12岁到20岁皆可行裹头之礼，所以现在已无法知道"鹏举"这个表字是在岳飞多大时所取的了。

（三）

据岳飞的孙子岳珂在《鄂王行实编年》中的说法，在岳飞尚未满月之时，汤阴县便遭遇了洪水的侵袭。黄河在内黄县（今河南省内黄县）以西的地方决了口，洪水如猛兽一般冲入永和乡。乡人们一边狂奔逃命，一边大声疾呼道：

"洪水来了，洪水来了！"

当时，黄河经常决口，永和乡深受其害。岳和、姚氏知道洪水的厉害，不敢怠慢，急忙抱起孩子向门外跑去。岳和力大，抱着女儿，跑在前头。姚氏产后虚弱，抱着岳飞，跑了几步便渐渐体力不支。

这时洪水已经进村了，姚氏不禁仰天长叹道：

"我们母子命不久矣！"

奔涌而来的洪水不但汹涌，而且迅速涨高，整个永和乡都乱成一团麻，纷纷拖家带口地奔往高处。姚氏已经累得跑不动了，不由绝望地想着：

"不如就听天由命吧！"

姚氏怀中的岳飞受到惊吓，哇哇大哭起来。姚氏低头看了看尚未满月的孩子，不禁泪流满面，喃喃说道：

"可怜的五郎，还没满月就要随我而去了。"

洪水已经涌到眼前了，姚氏不由地向后退了几步，无意中碰到了一口大水缸。姚氏回头一看，急中生智，跳进空水缸里，紧紧地把岳飞抱在怀中。

洪水越来越大，水缸顺水漂了起来。在茫茫无垠的水面上，水缸越漂越远。幸运的是，当日无风，浪花不大，水缸没有倾覆。姚氏母子总算在水缸的帮助下捡回了性命。

水缸漂了一天一夜，被冲到一座高岗的边上。高岗上满是避难的灾民，他们看到水面上有一口水缸，忽然看见水缸里好像有人在动。仔细一看，岸上的灾民不由大吃一惊：

"天呐，水缸里居然有一对母子！"

众人七手八脚，推的推，拉的拉，很快就把水缸拉到岸边。姚氏母子得救了。惊魂甫定的姚氏跪在地上，对众人千恩万谢。

众人慌忙扶起姚氏，给了她一些食物充饥。旁边的几个老人对着东面的天空拜了拜，口中说道：

"老天保佑，这对母子总算躲过了一死。"

几天后，洪水退去了。姚氏抱着儿子一路奔波，晓行夜宿，终于回到永和乡。等他们到家的时候，岳和已经带着女儿开始清理宅院里的淤泥了。看到姚氏和儿子，岳和喜极而泣，喃喃说道：

"我还以为你们已经被大水淹死了呢！太好了，太好了，我们一家人终于团聚了。"

遭遇洪水之前，岳家的生活虽然算不上富裕，但好歹也能自给自足。在这场无情的水灾中，岳家什物被冲走不少，田中谷物也颗粒无收，损失极其严重。从此，岳和便从自耕农沦为佃户，一家人的生活也陷入困境之中。

一些历史学家认为，这个洪水的故事可能是岳飞的孙子岳珂虚构的。因为黄河在阳春二三月决口的可能性不大，而且官方文献中对这次水灾也没有任何记载。

另外一些历史学家则持反对意见，认为这个故事可能是真实的。当时，黄河河道尚未南迁，流经汤阴东邻内黄县。汤阴地势低洼，常常遭遇洪水侵袭，所以当地有"城门楼上挂枯草"的谚语。再说，黄河在二三月间决口也不是没有可能的。二三月间，黄河上的浮冰开始融化，两岸的积雪也化为细流汇入黄河，完全可能导致河水暴涨。今天，人们将这种情况称为"春汛"。

为了能让一家人填饱肚子，岳和起早贪黑地劳作着。姚氏也十分贤惠，把家里家外打理得井井有条。一家人的生活虽然清苦，也也不乏欢声笑语。几年后，姚氏又生下一个，取名岳翻。

（四）

在父母的精心照料下，岳飞一天天长大。从七八岁开始，岳飞就常常跟着父亲到田间劳作，打柴、割草，样样都做得来。自幼的艰苦生活，磨练了他不辞辛劳、刚毅顽强的性格，也使他从小就深切地体会到了下层人民的疾苦。

每到晚上，岳飞和弟弟就在如豆的油灯下跟随父亲读书、识字。岳飞的记忆力很强，理解力也不错。凡读过的书或听过的故事，他都能牢牢记住，而且还能从中体会到一些人生哲理。

由于家境贫寒，没钱买纸笔，父母亲就在簸箕里装上细沙，以小木棍为笔，让岳飞兄弟在细沙上练字。写满后，他就用手将细沙抚平，又可重复使用。

在诸多书籍之中，岳飞最喜欢历史和兵法。到十几岁时，岳飞已经对《孙子兵法》《春秋左氏传》等书有了初步的见解。书中所述的战略、战术思想扎，他也已经窥其大概了。

岳飞不但喜欢读书，还十分爱好武术。弓弩是宋时的主要兵器，时称"军器三十有六，而弓为称首；武艺一十有八，而弓为第一"。弓是步卒和骑兵通用之武器。弩是弓的一种，一般以足开张，专供步卒使用。弩箭比弓前射程远，洞穿力强。衡量一个人的武艺，主要是看他能挽多大的"弓弩斗力"和射箭的准确性，时称"射亲"。

岳飞天生神力，十几岁时就能开百斤之弓、数石之弩。永和乡有一个名叫周同的人。此人文武双全、德行兼备，被乡人聘为塾师，设馆授学。他的箭术极其高明，独步乡里。岳飞十分仰慕他，想拜他为师，但古时拜师需要执束脩之礼。岳飞家贫，没有东西可以送给周同，只能暗暗羡慕。

幸运的是，周同十分爱惜人才。他见岳飞是个可造之材，就免费收他为徒弟，并对其悉心教导。谦恭有礼、天资聪颖的岳飞十分珍惜这来之不易的机会，日夜苦练，箭术也日益精进。

有一次，周同召集门生比试武艺。众人按时来到靶场，分列而站。周同训话完毕后，率先射出三箭，皆中靶心。众人声如雷动，大声喝彩。

接下来，众人逐一拈弓搭箭，上场比试，其中亦有可取者，但没有一人能够射中靶心。周同在一旁细心点化，帮助众人领会箭术的精要。

到岳飞上场了。只见他气定神闲，踱步走到场上，开弓射去。"嗖"一声，周同射在靶心的一支箭应声而落。众人几乎不敢相信自己的眼睛，个个瞠目结舌地看着岳飞。"嗖嗖"，岳飞又射出两箭，箭箭射中靶心。

周同见状，非常高兴。他信步上前，拉着岳飞的手说：

"你在箭术已经超越我了，可喜可贺！"

众人这才想起为岳飞喝彩。当晚，周同便把岳飞叫到家中，送给他两张弓。岳飞惶恐不已，不敢接受。周同说：

"俗话说'宝剑赠英雄'，你年纪轻轻就有如此精湛的箭术，将来定有大成。这两张弓也算是物尽其用，你就不要再推辞了。"

岳飞接过弓，再三感谢。从此之后，师徒两人的关系更加融洽。岳飞视周同如父，周同也视岳飞如子。不料天不假年，周同不久就病逝了。岳飞悲伤不已，每逢初一、十五都要置备一些酒肉到师傅坟前设祭。每次设祭，他都要在师傅的坟前连射三箭，以告慰周同的在天之灵。

有时岳飞手上没钱买酒肉祭祀师傅，就脱下身上的衣物到当铺换点钱，然后买来酒肉带到师傅坟前祭奉。岳和发现儿子身上衣物越来越少，感到十分奇怪。他担心年纪轻轻的岳飞结交了佞友，不大放心，便悄悄地观察岳飞的举动。

不久，岳和就发现了岳飞典衣祭墓一事。岳和问他为何这么做，岳飞答道：

"周君对儿情意特别深厚，只可惜天不假年，周君英年早逝，儿未能及时谢恩。他死后，儿谨借朔、望扫墓，以寄托我的哀思，连射三箭以示不忘武艺精熟之所由。"

岳和听了岳飞的这番肺腑之言，十分感动。从此之后，他便对这个聪明乖巧的儿子另眼相待，以求将其培养成国家的栋梁之才。

第二章　青年佃客

以身许国，何事不可为？

——（宋）岳飞

（一）

随着岳飞兄弟渐渐长大，岳家的家境也每况愈下。政和七年（1117），相州地区再遭水灾，原野一片汪洋，平地水深数尺，收成锐减。但昏聩的宋徽宗却毫不体恤民间疾苦，地方官员也不顾百姓的死活，不但不设法赈灾，反而以各种名目搜刮民脂民膏。各地饥民纷纷铤而走险，竖起了反宋的大旗。

淮南刘五率饥民在庐州、寿州（今安徽省寿县）一带活动，杀贪官，除恶霸。朝廷慌忙派数万大军前往镇压。不久，宋江也在京东地区（今河南省东部、山东省、江苏省北部和安徽省北部地区）竖起了"替天行道"的大旗，发动起义。长篇历史小说《水浒传》讲述的就是宋江起义的故事。

政和八年（1118年，该年十月改元重和），即宋江起义爆发的这一年，16岁的岳飞娶亲刘氏。与今天不同的是，当时的婚姻皆由父母包办，男女双方在婚前甚至没有见过面。这就是所谓的"父母之命，媒妁之言"。据史籍记载，刘氏比岳飞略长几岁，为人通情达理，吃苦耐劳。婚后，岳飞夫妇也十分恩爱。

岳飞并没有因为婚姻而荒废武艺。外祖父姚大翁很欣赏岳飞的勇力，又将其介绍给一个名叫陈广的枪手学习"技击"之术。岳飞的悟性很好，很快能把长枪使得出神入化，练就了"一县无敌"的武艺。

与此同时，他的箭术也达到了炉火纯青的境地。据史书记载，此时的岳飞已能挽300斤的强弓。当时的重量单位与今天稍有差异，宋制一斤约合今天的1.2市斤。也就是说，十几岁的岳飞已经挽360市斤的弓了。

他还能用腰部开弩8石。宋朝一石为92.5斤，约合110市斤（折合55千克）。按宋朝军制，"弓射一石五斗"已算武艺超群，可选充"班直"。"班直"是皇帝的近卫，也就是民间所谓的大内高手。据说，北宋武士挽弓的最高纪录是3石。由此可见，岳飞的挽弓能力是何等厉害！

宣和元年（1119年，该年二月由重合改元宣和），岳飞的长子岳云降生了。岳家的生活本就捉襟见肘，如今又添了一张吃饭的嘴。岳和夫妇想方设法填饱一家人的肚子。无奈天灾连年，再加上朝廷横征暴敛，一家人的生活竟日渐窘迫。

看着鬓发苍苍的父母和嗷嗷待哺的儿子，岳飞心一横，离开家乡，到安阳县（今河南省安阳县）去谋生。

安阳县的韩家世代为官，富甲一方。韩琦历任宋仁宗（1010—1063年，1023—1063年在位）、宋英宗（1032—1067，1063—1067年在位）和宋神宗三朝宰相，是韩府兴盛的奠基人。韩琦的长子韩忠彦在宋徽宗初年也当过一段时间的宰相。韩家的关系网上通皇帝，下达百官，十分显赫。

按照惯例，本地人一般不准在本地做官。不过，韩家人得到了北宋数朝皇帝的恩宠，竟然打破了这一惯例。韩琦和他长孙韩治、长曾孙韩肖胄等，都曾担任过相州知府。古人云"富贵不还乡，如锦衣夜行"，韩琦为了炫耀自己的权势，曾在安阳县筑昼锦堂；不久，韩治又筑荣归堂，韩肖胄筑荣事堂。

岳飞到安阳县时，正值韩肖胄担任相州知府。经人引荐，岳飞在韩府当了一名佃客。所谓佃客，就是在异地租种土地的农民。佃客的负担很重，收成的十之七八都要交给地主，自己只能得其二三。一些贪得无厌的地主还经常使用各种手段，例如用大斗、大斛巧取豪夺，变相加租。

宋朝佃客的地位十分低贱。当时的法律上明文规定：

"佃客犯主，加凡人一等。"

和大部分佃客一样，岳飞"寒耕热耘，沾体涂足，戴星而作，戴星而息"，苦苦支撑着一家人的生活。

（二）

宣和年间，各地农民起义正在如火如荼地发展着。除了刘五、宋江等实力比较强大的起义军之外，还有一些农民聚众数百，占山为王，靠打劫贪官污吏和地主富户为生。安阳县附近有一支以张超为首的农民起义军，他们经常下山打劫相州一带的官吏。韩家是当地首屈一指的富户，自然成了张超的打劫目标。

为防范张超，韩家把所有的佃客都组织起来，忙时务农，闲时保家护院。有一次，张超率领百余人，乘着月黑风高，悄然将韩府包围起来。韩家上下一片恐慌，不知如何是好。在危急之际，突然有人说：

"快把当值的佃客组织起来，抵抗贼寇。"

当晚，岳飞恰好当值。他听到外面一片混乱，喊杀声不绝于耳，急忙挽弓在手，窜了出去。院外被火把照得如同白昼，上百名服饰各异的农民熙熙攘攘，想要杀进来。院子中，数十名佃客也各执刀叉剑戟，严阵以待。

俗话说，"食君之禄，忠君之事"。岳飞自幼接受父亲岳和的训导，满脑子都是忠孝思想。他来不及多想，"嗖嗖"爬上围墙，蹲伏下来，窥伺着外面的动静。突然，他看到为首的一人骑着高头大马，正在对众人发号施令。岳飞想：

13

"想必这个人就是张超了。所谓'擒贼先擒王',不如先杀了这家伙,再领着众佃客去驱散余贼。"

想到这里,岳飞拈弓搭箭,"嗖"地一声射出一箭。骑在马上之人应声而倒,跌在马下,一命呜呼了。起义军步卒见状,顿时慌乱起来。岳飞跳下围墙,振臂一呼:

"贼首已死,众人随我去驱散余贼。"

说着,岳飞打开院门,领着众人冲了出去。外面的起义军群龙无首,纷纷溃散。就这样,岳飞凭借他的勇猛和超群的武艺,力挽狂澜,救了韩家上下百十口。

由此,韩家子弟认识了这位有勇有谋的青年佃客。不久,韩家子弟见岳飞弓马娴熟,就推荐他当了一名"游徼"。所谓游徼,就是替富贵人家看门守院、巡守田地的人。和佃客相比,这份差事相对要清闲一些,且收入也要高一些。

不过,大多游徼都经常仗着东家的势力,到处鱼肉百姓,因此乡人多不喜欢和游徼打交道,斥之为狗。岳飞也不喜欢这份差事,但为了养家糊口,又不能不充当"狗"的职责。

在这段时间里,岳飞经常和韩家的浪荡子弟接触。一方面,他经常听到众人谈论国政和时事,了解宋廷所处的不利地位;另一方面,他也得以提高自己的文化知识。

在这一时期,岳飞还染上了嗜酒的恶习。据说,岳飞酒量很大,能喝十几斤而不醉。当然,那个时候的酒酒精度比较低,与今天的高度白酒不同。即使这样,能喝十几斤酒而不醉也相当了得了。

有一次,岳飞因喝醉酒失手打伤了几名同事。几十人合力,好不容易才将他制服。东家闻知此事,便解雇了岳飞。岳飞丢了差事,无以谋生,只好回到故乡汤阴县永和乡。

回乡不久,就有人劝说岳飞拉杆子起义,占山为王。深受忠君爱国思想熏陶的岳飞勃然大怒,斥之为贼,不愿起兵饭宋。他说:

"大丈夫生于天地间,不思保家卫国,却想着混迹绿林,岂不有愧于先人？何况，方今正值国家危难之际，怎能为此不忠不义之事呢？"

从此之后，再也没人劝岳飞占山为王了。而岳飞也从此下定决心，将来一定要投身军旅，杀尽外敌，守卫家国。

（三）

在宋徽宗继位为帝的次年，辽国最后一位皇帝天祚帝耶律延禧（1075—1125或1156年，1101—1125年在位）也登上了帝位。与北宋的情况一样，辽国此时也陷入了动荡之中。

辽国的范围内除契丹族之外，还居住着大量的少数民族，如女真族等。女真族生活在东北黑龙江中下游和长白山一带，过着小农定居形式的生活，并从事打猎、诱捕和畜牧的生活。该地物产丰富，有许多其他地区没有的宝物，如北珠、貂皮、生金、名马、人参和海东青等。辽国的其他贵族也逼迫女真人定期和定量地将这些物品作为贡品缴纳到辽国京师。

辽国派往女真人聚居地的地方官员也仗势欺人，纷纷逼迫女真族各部落奉献礼物，缴纳有名无名的各种摊派。辽王朝还经常派遣一些"银牌天使"到女真族各部落去巡守。这些所谓的"天使"每到一地，索取无度，还经常逼迫女真族各部献出部落中的美女"荐枕"。所谓"荐枕"也就是侍寝。即使是有夫之妇，只要因貌美被选中，也逃脱不了被奸污的命运。即使是这样，契丹贵族还是不满意，经常无故殴打当地居民，俗称"打女真"。

到辽天祚帝之时，契丹贵族对女真等异族的压迫有增无减，终于致使各族人民揭竿而起，纷纷发动武装起义。北宋政和三年（1113），女真族著名的部落首领完颜阿骨打（汉名旻）被推举为部落联盟的首长。辽王朝按照惯例，封完颜阿骨打为节度使，统领女真各部。

完颜阿骨打上台之后，顺应女真人反抗辽朝奴役和掠夺的要求，于次年向辽索取阿疏不允为由,向辽王朝发动了征讨战争。阿疏是女真族的一名部落酋长,理应归属完颜阿骨打统领,当他却背叛阿骨打,投降了辽国。

完颜阿骨打有雄才大略,而女真各部则能征善战,很快就攻占了辽军重兵把守的宁江州(今吉林省五家站)和出河店(今扶余县境内)等地。北宋政和五年(1115),完颜阿骨打称帝,国号大金,年号收国,建都按出虎水(河流名,今金水)旁,称皇帝寨。不久,阿骨打又将皇帝寨改为会宁府(今黑龙江省阿城县南)。

称帝后,阿骨打整顿和加强了金朝的军队,推行军民合一的猛安(千伏长)、谋克(百夫长)制度。成年男子平时从事生产,战时随军出征。这样一来,既保障了军队的战斗力,又加强了后勤供应。此后,金军势如破竹,一路猛攻,辽军则节节败退,向南逃去。到北宋政和六年(1116),金军已经占领了整个辽东半岛,与北宋所属的山东半岛隔渤海相望。

宋徽宗闻知此讯,突发奇想,何不与金国合作,夹击辽国,趁机收复幽云十六州呢?再说,发动对外战争还可以转移百姓的注意力,缓和国内的矛盾。

于是,宋徽宗于宣和元年遣武义大夫马政为使,自山东半岛的登州(今山东省蓬莱市)泛海北上,以买马为名,与女真政权展开了谈判。经过几次浮海往来,两国最终于宣和二年(1120)达成协议。此时,金国已经攻克了辽国都城上京(今内蒙古自治区巴林左旗林东镇南),掌握着谈判的主动权。因此,双方达成的"海上之盟"对北宋极为不利。

双方约定:宋、金从南北两个方向进攻辽国,以长城为界,金军攻占长城以北的州县;宋军攻占长城以南的幽云地区。双方均不得单独接受辽国投降,共同灭辽。灭辽之后,幽云十六州归属北宋,宋廷则要把原本供奉给辽国的岁币如数交金。如果宋兵出师失期,不能履约,幽云十六州则归金国所有。

（四）

　　北宋宣和四年，金天辅六年（1122）正月，金国如约出兵攻辽，但北宋的十万军却在边境地区逡巡不前。这时，宋军又得到消息，辽国将以十万之兵屯集燕京（即幽云十六州中的幽州，今北京市），准备对北宋实施报复。宋徽宗大惊，急忙召集蔡京、童贯等人商议对策，准备废除宋金盟约，班师回朝。

　　三月间，金军势如破竹，已经攻破了辽国五座都城中的四座，仅燕京尚在辽军的控制之下。辽国末代皇帝天祚帝仓惶西逃，契丹贵族拥立耶律淳为新帝。徽宗皇帝这才意识到，辽国已经是枯株朽木，不堪一击了。如果再不出兵，幽云十六州可能会全部落入金国之手。

　　与此同时，金国又多次遣使催促北宋履行夹攻诺言。于是，徽宗皇帝于五月间以童贯为河北河东宣抚使，以蔡攸为副宣抚使，分兵两路，直奔燕京方向而去。童贯是宋徽宗身边的大红人，但却是个金玉其外败絮其中之人。他看上去威风凛凛，实际上既不能运筹帷幄，也不能领兵冲锋陷阵。

　　进士出身的刘鞈很受童贯的赏识，经童贯推荐，他在当年九月间当上了真定府知府。按照当时重文轻武、以文制武的体制，真定知府兼任真定府路安抚使，统辖真定府、相州等6个州府的军务。为加强部队的战斗力，童贯命刘鞈在河北之地招募一批"敢死士"，充任先锋。

　　当时，岳飞刚从安阳县的韩府回到故乡不久。他听说官府要征召"敢死士"，前去收复幽云十六州，顿时感到热血沸腾，遂告别家人，来到真定。当他来到真定时，府衙前已经聚集了不少人，他们都是来应征"敢死士"的。虽然众人知道此去凶多吉少，但能为国家效力，收复幽云十六州，就是死也死得其所。

　　岳飞方脸大耳，眉宇开阔，眉毛较短，双目炯炯有神，身材中等偏高，极其壮实，生就一副雄赳赳的勇士气概。他站在众人中间，显得非常醒目。不一会儿，刘韐来到了府衙前，双手下压，示意众人安静下来。

众人见状，分列而站，准备听候刘韐的调遣。他大声说道：

"值此国家用人之际，诸位壮士能以身报国，令刘某不胜感动。你们有没有克敌制胜的把握？"

岳飞带头喊道：

"大丈夫生于天地间，为的就是保家卫国。我等虽无必胜的把握，但却有成仁的决心。"

刘韐闻言，深感惊奇。他缓步来到岳飞面前，上下打量了一番，慨然说道：

"真乃壮士也！你叫什么名字？"

岳飞回答说：

"我是汤阴县永和乡人氏岳飞！"

刘韐见岳飞精神抖擞，心下大喜，立即任命他为小队长，领兵数十人。就这样，年仅20岁的岳飞成了宋军的一名下级军官。

几日之后，刘韐领着"敢死士"向燕京进发了。几天后，刘韐的敢死队就与童贯的大部队会合了。童贯陈兵拒马河，不断向辽军施加压力。一段时间后，徽宗皇帝竟然莫名其妙地给童贯下了一道圣旨：

"如果辽国不肯投降，务必带领全师回朝。"

童贯本来就不愿意打仗。他不懂指挥，真打起来，肯定会遭遇失败。闹不好，徽宗皇帝还会治自己一个指挥不利的罪名。如今，既然皇帝发话了，那就好办了。因此他立即下令：

"如敢杀一人一骑者，并从军法！"

多么奇怪的事情啊！领兵出征，竟然不准部下杀敌，怎能取胜呢？果然，当两路大军的先头部队遭到辽军小股部队袭击之时，士卒们不敢交锋，纷纷后退。徽宗皇帝唯恐有失，慌忙下令童贯班师回朝。

就这样，岳飞第一次随军出征，连敌人的影子都没见到，就又随军退回来了。

第三章　从军报国

好山好水看不足，马蹄催趁月明归。

——（宋）岳飞

（一）

童贯还没有回到京师，宋徽宗就又改变主意了。原来，他听说辽国新立的黄帝耶律淳暴病而亡，以为有机可乘，遂又令童贯回师燕京。为了显示必胜的决心，徽宗还下令将燕京改为燕山府。

和第一次出征一样，士卒们的斗志依然很高，浩浩荡荡地朝燕京进发了。辽国易州（今河北省易县）、涿州（今河北省涿州市）守将见宋军来势汹汹，而辽国在与金军作战的过程中兵败如山倒，慌忙向宋军投降。涿州守将郭药师是一位能征善战的名将，他的部队被誉为常胜军，很能打仗。为了表示投降的决心，郭药师自愿为先锋，去攻打燕京。

童贯大喜，立即将先封印交付郭药师，令其择日出征，并令统兵官刘延庆率领主力部队在卢沟河（河流名，即今永定河）方向接应郭药师。

郭药师的常胜军果然名不虚传。他们以迅雷不及掩耳之势突破了卢沟河，直奔城墙而去。半日之后，辽军渐不能敌，郭药师趁机率部攻入城内，与敌展开巷战。辽军见北方土地尽失，已无退路，皆死战不休。郭药师暗自惊慌，急忙派人联络刘延庆，请他杀过卢沟河来支援自己。

号称北宋名将的刘延庆带着数万人伏在卢沟河岸边，见城内硝烟四起，喊杀声不绝于耳，竟然不敢率部渡河。郭药师孤军奋战，渐不能敌，不得不趁着夜色撤出燕京。可笑的是，刘延庆望见卢沟河对岸的火光，以为辽军追来了，竟然掉头就跑。数万大军群龙无首，争先恐后地向南方撤去。

就这样，宋军两次出征，不但没能打败苟延残喘的辽军，还丢了大量的粮草和武器。

十二月，金军攻破居庸关，南下攻打燕京。辽军守城将士在与宋军厮杀的过程中损失惨重，无力再战，只得开城投降。按照宋、金"海上之盟"的规定，应该由宋军攻克燕京和大同府（今山西省大同市）。但宋军的两次进攻均遭失败，最后还是金军攻克了燕京和大同府两地。

宋徽宗没能履行"海上之盟"的约定，幽云十六州自然不能划归北宋。但宋军出征是以收复该地为号召的，如今空手而归，如何向天下人交待？在童贯、高俅等一帮弄臣的怂恿下，宋徽宗最后竟然决定拿钱向金国购买幽云十六州。

对宋徽宗来说，这是个好办法。一来，如果能买回幽云十六州或其中的一部分土地，他就有办法向天下臣民交待了；二来，买地的钱不必自己出，可以向天下百姓征收新的赋税。

经过多次交涉，金国皇帝完颜阿骨打答应将燕京及其附近的六州之地"交"给北宋。不过他提出：北宋必须在原定岁币数目之外，每年向金朝交纳现钱100万贯。宋徽宗毫不犹豫地答应了。完颜阿骨打大喜，立即命部族将燕京及其附近州县的金银币帛等所有浮财以及壮丁、美女全部掠走，只留下几座空城。

北宋付出了高昂的代价，买来的却只是几座空城，令天下臣民大失所望。宋徽宗和童贯等人却不以为然，反正钱不是他们出的。

然而这还不算到头。为驻守燕京等地，北宋向燕京等地派去了大量的军队及地方官员。单单供应这些人吃饭，河北、山东、河东等地每月就要输送十余万石米粮到燕京。一段时间下来，山东、河北等地的民力被榨取一空，几乎到了山穷水尽的地步。

后来，掌握军、政大权的宰相王黼提议说：对燕山府戍兵粮饷的供应，本应由全国各地共同承担。既然山东、河北等地的百姓承担了这项职责，其他诸路州县民户便应计其丁口，令其缴纳免夫钱。徽宗大喜，觉得这是一笔赚钱的买卖，于是大笔一挥，大印一盖，就令各地官吏收钱去了。

（二）

宋徽宗和权臣们对外软弱，对内却横征暴敛，激起了广大百姓的愤怒。不久，各地再次爆发轰轰烈烈的农民起义。据史书记载，河北农民张迪聚众5万余人，在黄河北岸的浚州（今河南省浚县）一带活动；高托山聚众数万人，号称30万，在太行山一带活动；山东农民李太子聚众万余人，在郓州（今山东省郓城县）一带起兵反宋；山东农民孙列聚众十余万，在济南一带与宋军为敌；张仙聚众十余万，在沂州（今山东省临沂市）一带杀贪官，占州县。

除此之外，各地的小股农民起义军也不可胜数。相州农民陶俊、贾进聚众数千人，占山为王。他们攻略县镇，杀官吏，盗粮仓，偶尔也打劫当地的富户和过往客商。官军多次前往围剿，但均无功而返。

童贯率师返回中原之后，军队各回驻地，刘韐也带着他的"敢死士"回到了真定府。岳飞听说陶俊、贾进等人屡败官军，便主动请缨道：

"若大人肯调拨给小人数百官兵，岳某愿以项上人头担保，定叫陶俊等人伏诛。"

刘韐闻言大喜，立即从"敢死士"中调拨200名士卒听从岳飞的指挥，命他前去攻打陶俊。岳飞带着众人悄然开往相州，令众人在一片树林中安营扎寨，然后派出几名士卒前去侦探敌情。不久，士卒就回报说：

"陶俊等一般贼寇驻扎在不远处的山寨上。附近的官道杳无人迹，大概是被贼寇吓怕了。"

岳飞立即挑选了30名精干之人，装扮成过往客商模样，前去山寨附近引诱陶俊等人打劫。临行前，岳飞吩咐道：

"你们如果遇到贼寇，不要反抗，任他们抢掠好了。那时，他们定然会将你们劫掠上山。你们在山上听候讯息，只要听见我率部攻山，你们就充当内应，从中杀出！"

众人领命，立即朝山寨附近的官道而去。果然不出岳飞所料，陶俊、贾进等人闻讯，立即率部劫掠，30余人皆被他们收归山上。

岳飞闻讯大喜，立即命令道：

"挑选70人跟我上山挑战，其余的人全部埋伏山下。届时，我等佯败而逃，贼寇定然倾巢来追。你们见贼寇尽过，便从后追杀。我等亦回师攻其前部。只要俘虏了陶俊、贾进，余者不足虑矣！"

岳飞安排完后，便令众人分头行事。岳飞则带着70余人，飞骑来到山寨挑战。陶俊等人见官军人少，顿生轻敌之心。陶俊还对众人说：

"你们随我杀出，去夺官军的马匹。"

随后，陶俊、贾进领着众人倾巢而出，来到阵前。岳飞冲杀一阵后，急忙令众人撤退。陶俊大喜，立即挥师追击。追到半路，队伍中忽然乱了起来。那些装扮成客商的士卒见时机成熟，纷纷在队伍中冲杀起来。

陶俊大惊，急忙停止追击，全力对付混在队伍中的官军。就在这时，岳飞埋伏在山下的100多名士卒又蜂拥而至，杀入阵中。陶俊、贾进等人急忙丢下残部，向前逃去。他们还没走多远，岳飞便又回师杀来。陶俊、贾进料知不能敌，只得下马受降。

岳飞第一次率部出征就显示出了卓越的指挥才能，深受刘韐及接替韩肖胄担任相州知州的王靖器重。不久，王靖向上司申报，保举岳飞为从九品承信郎。

恰在此时，岳飞的父亲岳和因病去世。按照古代的习俗，父母去世后，儿子需要守孝三年（实际上不满三年，一般为27个月），三年内不得嫁娶、不得为官。因此，岳飞尚未接到委任状就匆忙奔回汤阴，为父亲守丧去了。

不久，朝廷又下令将不属于正式编制的"敢死士"全部裁撤，以减少财政开支。如此一来，王靖的保举状也就成了一张废纸。自宣和四年冬到宣和六年（1124）冬，岳飞一直居家守孝，并没有什么作为。

（三）

宣和六年冬，岳飞守丧期满，准备再次投军。差不多与此同时，北宋两次征辽失败的后果逐渐浮现出来。征辽期间，大量的溃兵流窜中原，纷纷落草为寇，以打家劫舍为生，严重破坏了北宋的社会治安。比这更严重的是，金军由此窥见了北宋政治昏暗、军事废弛的现实，于是虎视眈眈，企图南向征宋。

北宋宣和五年（1123年，金天辅七年）九月，金太祖完颜阿骨打突然病逝，其弟完颜吴乞买（汉名晟）继帝位，是为金太宗，改元天会。

和其兄完颜阿骨打一样，完颜吴乞买具有雄才大略，是一位开创之主。他即位后，以其弟完颜斜也（汉名杲）为谙班勃极烈，太祖庶长子完颜斡本（汉名宗干）知国政，完颜粘罕(汉名宗翰)、完颜斡离不（汉名宗望）总理军事。逐步强大起来的金国对中原虎视眈眈，随时准备南下。

正所谓"福无双至，祸不单行"。正在北宋内忧外患之际，河北等地又发生了严重的水灾，饿殍遍野，流民四窜。徽宗皇帝急忙下令招募兵马。灾年招兵是宋朝统治者的一贯做法，理由是"不收为兵，则恐为盗"。将反抗的力量转化为维护统治的力量，这是封建统治集团常用的策略，而且卓有成效。

从唐末到北宋时期，军人都是一种卑贱的职业，一名男子不到万不得已时，是不会投身行伍的。宋时将招兵称为"招刺"，招募者先用尺子丈量应征者的身高，再考察他们的跑跳动作及骑术等，凡合格者，就在脸部刺字，发放衣、鞋、钱币等。最后按照新兵的身材高矮，分别拨隶上、中、下等禁军和厢军。

禁军是保护京师和皇亲贵戚的中央军，厢军是地方部队。北宋末年，厢军虽然名为常备军，但已沦为各州县和某些中央机构的杂役部队了。禁军士卒无论在社会地位上，还是待遇上，都要比厢军士卒高得多。因此，几乎没有人愿意到厢军中去充当杂役兵。

在军士脸部、手臂、手背等处刺字，以标明军队番号和军人身份，乃是唐末和五代的藩镇遗制。当时，天下大乱，军人待遇低，常常死于草莽之中而无人知道。不少士卒为了逃避死亡的命运，纷纷逃离军队。于是，统治集团就想出了这个办法，以防止士卒逃亡。

在封建社会，信奉儒家学说的国人认为，身体发肤受之父母，不能有任何损伤。因此，在身上刺字就成了耻辱的标记。一般情况下，只有罪犯、奴婢或某些官府杂役才会受到这样的对待。

不过，北宋士卒的待遇还是不错的。按照规定，军队不但要给士卒提供粮饷，还须兼及士卒的亲属。当时的军营里不但驻有军人，还有军人的家属。对穷得吃了上顿没下顿的贫民来说，这是极大的诱惑。不少贫苦百姓赶上灾荒之年，都靠投身军旅保住了一家老小的性命。不过，对朝廷而言，这种军事制度的负担是极其沉重的。养兵百万，实际上就等于要养五六百万人，军费开支成了北宋王朝沉重的负担。

尽管朝廷的军费支出十分庞大，但军中却无可用之人。军官大多是朝中重臣的亲属，他们不但克扣军饷，还强迫士卒充当达官贵人的苦力。一些士卒为了填饱肚子，不得不兼营其他职业。还有一些军官虚报人数，冒领朝廷的军饷，借此发财。长此以往，号称百万的军队，能上阵杀敌者却寥寥无几。这也是宋徽宗两次征辽无果的重要原因。当然，徽宗本人并不知道军中的这些情况。

在这个灾荒之年，岳飞也来到军中应征。不过，岳飞不愿在脸上刺字，就没去应征普通士卒，而是凭借自己高超的武艺，积极争取当一名"效用士"，即禁军中的高级士卒。

宋神宗年间，由于官僚机构膨胀，达官贵人的子弟和举人出身的读书人得到官位的机会越来越少。为解决这一问题，北宋王朝积极鼓励他们投身军旅。但他们的社会地位却比普通农民高得多，不能在他们脸上刺字。于是，神宗赵顼就下令说：来自富豪、官员子弟、门客、举人等身份的人从军的人，都以"效用"称呼，不作为普通士卒看待。

效用士除了不用在脸上刺字外，所享受的其他待遇也比普通士卒高得多。根据规定，效用士的一切开支均有政府承担，且不必接受军队种种规章制度的约束。如果没有军事任务，他们不但可以不接受军事训练，还可以住在家里。只要每一季度到军队里报到一次，接受常规检查就行了。

因为岳飞有过"敢死士"的经历，且又在征讨陶俊的战斗中战功赫赫，因此轻而易举地当上了效用士，被分到了河东路平定（今山西省平定县）的禁军中。平定军屯驻的禁军编额有5名指挥，其中神锐军和宣毅军分别有两名指挥，属侍卫步军司系统；广锐军有 名指挥，属侍卫马军司系统。根据史料记载，岳飞大概是编入了广锐军充当骑兵。在此期间，他对骑兵作战战术有了一定的了解。

岳飞身为主帅，俸禄不低，但却十分清贫，因为他几乎把所有的俸禄都用在了抗金方面。建炎年间，岳飞率部在敌后作战，后勤补给跟不上，他就和母亲商量着捐献家产，购买粮食。母亲和妻子的首饰都被他卖光了，所得钱财也被岳飞全部用于军队作战上。

第四章 勇战金军

壮志饥餐胡虏肉，笑谈渴饮匈奴血。

——（宋）岳飞

（一）

北宋政和七年、金天会三年（1125），金国将领完颜娄室率部擒获辽国末代皇帝天祚帝，辽国正式灭亡。金太宗完颜吴乞买大喜，立即重赏完颜娄室，并将天祚帝降封为海滨王。辽国既亡，西夏随之向金称臣。金国解除了西部和西北部的后顾之忧，随即又交替使用武力和招降等手段，征服了境内的其他敌对势力，巩固了女真贵族的统治基础。

完颜吴乞买一腾出手，立即命令完颜粘罕和完颜斡离不两人加紧对北宋用兵的准备。在与北宋合作伐辽的过程中，女真贵族们看穿了北宋金玉其外败絮其中的虚弱本质。在他们看来，宋军是比辽军更加不中用的对手，只要出动数万重装骑兵，数年之内便可攻占北宋的全部领土。

女真是马背上的民族，无论男女皆善骑射。因此，金军的主力部队是骑兵，步兵只担任运输、掘壕等辅助工作。女真的重装骑兵骁勇善战，百折不挠，十分顽强。作战时，士卒们身上披挂的铠甲重达几十斤，兜鍪很坚固，只露双目。再加上他们的战马十分强壮，善于远途冲锋，对手只能用弓箭对付他们。然而，即使是百发百中的弓弩手，也很难一箭射中他们的眼睛。

女真骑兵擅长连续作战,如果一次冲锋失败的话,他们会立即退出战斗,重整队形,再次发起冲锋。女真人把这种作战方式称为"更进迭退"。是故,女真骑兵的负荷虽然很重,但却能连续进行几十个,乃至上百个回合的交锋。

不过,女真的重装骑兵也有一个严重的缺陷,就是不善近距离的白刃战。为弥补这一缺陷,完颜吴乞买灭辽之后,开始大规模地征召境内的契丹、汉、回鹘、达靼、室韦、党项等民族的青年男子充实军队。契丹、回鹘等民族的汉化程度较高,他们和汉民族一样,都学会了制造炮、铳等火器。在城市攻坚战之后,女真人尝到了使用火器的甜头,逐步开始重视马步军协同作战的战术。这些对脆弱不堪的北宋军队来说,是个极其严重的威胁。

完颜吴乞买做好了伐宋的准备,但还缺乏一个出兵的借口。所谓"名不正言不顺",要想出兵北宋,总得找一个对自己有利的借口,把侵略军粉饰成正义之师。不过,当时北宋与金国相安无事,要找到这样的借口也不是一件容易的事。

恰在此时,金国南京(即辽国平州,今河北省卢龙县)同中书门下平章事、临海军节度使张觉暗通北宋,准备以平州纳归北宋。张觉本是辽国将领,辽亡后被迫降金。但金国尽迁幽云十六州之民,激起了张觉的不满。有人建议他将被迁的燕京人归国,"大宋无不接纳燕人,则平州遂为藩镇矣"。

张觉认为此事重大,不可草率。他立即请足智多谋的翰林学士李光弼来到南京,商议对策。随后,张觉便派李光弼为使,上书表于燕京的大宋宣抚司,表示他愿将平、滦(今河北省滦县)、营(今河北省昌黎县)三州土地献给宋朝。宣抚司詹度、王安中等人不敢怠慢,立刻密奏宋徽宗,提出要接纳张觉。

平、滦、营三州战略位置十分重要,在"海上之盟"的谈判中,北宋一直想要收复此地。但金国以这三州并不属于幽云十六州为名，拒绝了北宋的要求。如今，张觉主动来降，这可是千载难逢的好机会！宋徽宗和宰相王黼喜出望外，立即将平州改为泰宁军，以张觉为泰宁军节度使，派人将泰宁军牌、皇帝敕书、任命张觉的诰命诏书以及各种礼物等，送到张觉手中。

金太宗完颜吴乞买得知此事，勃然大怒，立即遣使前往开封，谴责北宋背叛盟约，接纳叛金将领。徽宗皇帝讨了个没趣，急问左右该怎么办。有人建议杀掉张觉，将其头献给金国。徽宗皇帝犹豫不决。完颜吴乞买立即命令金军攻破平州，诛杀张觉。张觉慌忙逃往燕京，藏在同知燕山府郭药师的家中。

（二）

尽管张觉逃到燕京，但完颜吴乞买依然不依不饶，一定要北宋砍下张觉的人头才肯罢休。软弱的宋徽宗竟然答应了这一要求。但他找了个理由，杀了一个跟张觉长得很像的士卒，送到金国。

完颜吴乞买发现送来的人头并不是张觉的，勃然大怒，继续向北宋施压。宋徽宗无奈，只得从常胜军统帅郭药师的家中搜出张觉，将其缢死，然后把他的人头泡在水银里送到金国。

宋徽宗的软弱激怒了郭药师等一大批降宋将领。郭药师愤然说道："如果金国要我郭药师的脑袋，又怎么办呢？"

常胜军士卒听到这句话，无不低声啜泣，原本可以用来抵抗金国南侵的常胜军顷刻间斗志全无。

宋徽宗虽然缢死了张觉，但完颜吴乞买仍不满意。他的真正目的是要南下侵宋，而不是要张觉的人头。宣和七年十月，金国以北宋背叛盟约为由，发动了侵宋战争。

金军兵分两路，右副元帅完颜斡离不率部从平州出发，取道燕京。

燕京守将郭药师心灰意冷，不但没有作任何抵抗，反而开门迎寇，充当了金军侵宋的急先锋。

燕京一失，河北的其他州郡顿时失去屏障，根本无力抵抗金国的大军。完颜斡离不率领他的重装骑兵长驱直入，迅速向浚州的黄河渡口挺进。金军左副元帅完颜粘罕从云中（今山西省大同市）出发，进军太原。西路军在太原城下遭受到河东军民的坚强抵抗，长时期被阻止在那里，未能与东路军协同作战。

由于徽宗的昏庸，北宋朝廷对这场势不可免的战争竟然缺乏足够的警惕和准备。当金军大举南侵之时，宋军的主力部队竟然还部署在陕西各路，用以防备西夏。在漫长的宋金边界上，兵力严重不足。当金军东路军渡过黄河，直扑开封之时，徽宗才从迷梦中惊醒过来。这位风流皇帝吓得连皇帝也不做了，匆匆下了个"罪己诏"，传位给太子赵桓，自己则带着童贯等亲信，逃到南方去了。

赵桓在危难之中继位为帝，是为宋钦宗，次年改元靖康。靖康元年（1126）正月，金军渡过黄河，围困开封。朝中大臣迅速分化为两派，尚书右丞李纲等人主张力战，但其他大臣则主张割地求和。起初，宋钦宗采纳了李纲的建议，组织开封军民抗击金军。

驻守陕西的宋军闻知开封被围，急忙东下救援。各地的厢军和百姓也自动组织起来，向开封方向集结。这些部队陆续到达开封城下，分别给予金军一些打击。与此同时，黄河北岸一些宋军守将也积极谋划，准备切断金军东路军的退路。

完颜斡离不这才发现，自己陷入了孤军作战的境地。不过，他深知北宋朝廷的腐败和软弱，在打算撤军之际向北宋政府提出了以下几项要求：

一、宋须向金纳黄金500万两，白银5000万两，牛马万头，绢帛百万匹。

二、尊金帝为伯父。

三、将燕云两地之人一律遣返原籍。

四、将太原、中山（今河北省定县）、河间（今河北省河间市）三镇和三镇所辖州县、百姓割让给金国。

完颜斡离不宣称，只要北宋朝廷答应这些要求，金军立即北归。

昏愦无能的宋钦宗听说金军愿意撤兵，慌忙答应了金方割地赔款的全部要求。完颜斡离不大喜，立即率军从容地从数十万宋军眼前北撤，前去支援攻打太原的西路军。

此时，太原被围已长达5个月之久。不过，宋将王禀誓死固守，金军损失惨重，却没能进入半步。完颜斡离不率部抵达之后，太原方向的战事骤然紧张起来。

（三）

开封之围解除后，宋廷又恢复了文恬武嬉的故态。宋徽宗以为万事大吉，遂返回开封继续享乐。宋钦宗迫于舆论压力，则抱着侥幸的心理，撕毁了开封城下的和约，组织对太原的解围战。他甚至下令说：

"太原、中山、河间三镇，保塞陵寝所在，誓当固守。"

靖康元年三月，宋钦宗令老将种师道和姚古分兵两路，驰赴太原。六月，他又命刘韐、解潜、折彦质、折可求和张灏等将领分兵三路，再往救援。

遗憾的是，宋军兵力虽然占据优势，但却各自为政，兵力分散，未能达成协同作战的目的。再加上钦宗总是坐在千里之遥的京师直接指挥各级部队，致使金军以逸待劳，逐一击破了宋军。

岳飞戍守的平定军与太原毗邻，身处河东抗金的前线。他投军不久，就被擢升为偏校。偏校是宋军中的下级军官，地位不高，指挥的兵力约有百余人。六月，为了给刘韐自真定府救援太原的大军侦探敌情，岳飞受命率领一支百余人的骑兵部队前往太原府的寿阳县（今山西省寿阳县）、榆次县（今山西省晋中市榆次区）等地，进行武装侦察。

31

当时，金军屡胜，宋军屡败，宋军士卒畏金军如虎。往往还没见到金军的影子，一听说金军来了，士卒们就纷纷闻风而散。一次，岳飞一行在行军路上突然与一支敌军遭遇，士卒们有些胆怯，不敢迎敌。岳飞厉声道：

"大丈夫生于危难之时，理应战死沙场，马革裹尸。如此畏首畏尾，怎能杀敌建功呢？"

说罢，岳飞单骑突入敌阵，左突右冲，举枪搠死几名金军士卒。金军见岳飞勇猛，不敢恋战，纷纷后退。宋军士卒见状，无不佩服岳飞的胆略。

当夜，岳飞趁着月黑风高，带上几名亲信，换上金军的装束，悄悄潜入了敌营。由于和金军交战已达数月，岳飞学会了一些女真话。他们装作巡视军营的金军，在敌营中查探敌军的武器装备和人数等。

突然，岳飞等人遇到了一群正在敲打刁斗而歌的金兵。刁斗是古代的一种军旅炊具，类似今天的铁锅。宋军士卒有些慌乱，右手不自觉地握紧了刀柄。岳飞急忙制止众人，然后装作一副开心的样子走到金兵面前，说了几句女真话。

金兵听了岳飞的话，都哈哈大笑起来。岳飞也附和着笑了几声，然后朝众人一挥手，又继续侦察去了。就这样，他们走遍了敌营，圆满地完成了侦察任务，岳飞也因此被提拔为进义副尉。

岳飞还没上任，金军就再次发动了大规模的进攻。靖康元年八月，一度退到阴山下避暑的完颜斡离不从保州（今河北省清苑县）出兵，直取开封。九月，完颜粘罕攻取太原，随即出兵进犯平定军。他满心以为，太原既下，攻破平定军城乃是手到擒来之事。然而他没料到，平定军城虽小，守军虽弱，但抵抗十分顽强。东路军统帅完颜斡离不不得不派一支部队前去增援。

由于寡不敌众，北宋守军终于败下阵来。平定军城既破，宋军士卒化整为零，向南撤去。岳飞也在最后时刻带着妻子刘氏、长子岳云

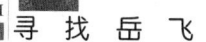

和刚刚出生不久的二儿子岳雷离开平定军城，往相州而去。在逃亡途中，岳飞不慎弄丢了委任他为进义副尉的文书。

岳飞伤心极了，好不容易得到了晋升的机会，却把文书搞丢了。在兵荒马乱之际，他怎么才能向朝廷证明自己是进义副尉呢？无奈之下，岳飞只好忍痛离开了军营。

（四）

太原失守之后，金国东西两路大军协同作战，一路攻城略地，直扑开封而来。此时，北宋的精锐部队已在解救开封之围和太原之围的两次战斗中损失殆尽，开封陷落几成定局。老将种师道劝说宋钦宗放弃开封，退避关中，积聚军力，以图东山再起。

令人不解的是，宋钦宗在第一次开封之围中多次欲步宋徽宗之后尘，放弃开封南逃，多亏李纲劝止，才没有成行。但这一次，他却莫名其妙地听从了一些无能之臣的建议，坐守开封，不断遣使求和。金军的目的是彻底灭亡北宋，怎么会接受宋钦宗的求和呢？

北宋派出的使者一一被拘，但宋钦宗依然不死心，又派他的弟弟康王赵构为使，北上求和。赵构抵达磁州（今河北省磁县）时，老将宗泽垂泪劝说道：

"如今金军志在亡我大宋，千岁此去岂不是自投罗网？臣敢请千岁爷留守中原，招募兵马，领导抗金大业。"

赵构本是个软弱之人，他也不愿以身犯险，只是皇命不可违，不得不北上求和。如今，既然在朝中具有巨大影响力的宗泽劝他留在中原，他怎么会不答应呢？于是，赵构便留在了相州。

靖康元年冬，金军将开封团团围住，日夜攻打。宋钦宗慌乱不已，急忙召集群臣商议退敌之策。同知枢密院孙傅进言说：

"郭京有经天纬地之才，可以退敌。"

33

钦宗大喜，立即召见郭京。

郭京本是混迹在禁军之中的无名小卒。一天，孙傅读丘濬的《感事诗》，其中有郭京、杨适、刘无忌之语。孙傅大喜，立即在军中找到郭京。郭京伪称能施"六甲法"，只需7777人即可生擒金将。孙傅深信不疑，因此向宋钦宗推荐了他。

北宋的皇帝大多信奉道教，对鬼神之事深信不疑。他立即授郭京以官职，并赐金帛数万。郭京领命，立即在开封城内招募六甲之士。这位善于装神弄鬼的小卒招来的士兵全是一些市井无赖，根本不能打仗。但他却对外宣称：

"择日出兵三百，直袭至阴山。"

宋钦宗见郭京信心满满，便不再把城外的大军放在眼里了。闰十一月十一，郭京自称六甲之法已成，可以开门退敌了。钦宗大喜，忙命打开宣化门出战。郭京坐城楼作六甲之法，令士卒出城退敌。

刚开始时，金军士卒见到一帮队形散乱的宋军涌出城门，都感到莫名其妙，愣在了原地，不知如何是好。但他们很快就发现，那些都是一些装神弄鬼之辈，根本没什么本事。因此，金军一拥而上，很快便击溃了所谓的六甲之士，趁机从宣化门攻入开封。

开封将破之际，宋钦宗才从迷梦中醒过来。他立即派出几名死士，密持蜡书诏命，连夜缒城而出，奔赴相州，封赵构为河北兵马大元帅，陈遘为元帅，宗泽、汪伯彦为副元帅，速速领兵入京勤王。

开封虽然沦陷了，但城中军民的抗敌情绪十分高昂。他们立即将前一天来议和的金使杀掉，自发组织起来发动巷战。据史籍记载，仅仅一天的时间，自发领取兵器之人就达30万。当金兵欲纵火屠城时，百姓们欲行巷战者"其来如云"。金军慌乱不已，不敢进入皇城，只得在城墙上修筑防御工事，以防开封居民将其赶下城去。徽、钦二帝由此得以苟延残喘数月，在名义上仍是北宋的最高统治者。

第五章　岳母刺字

青山处处埋忠骨，何须马革裹尸还。

——（宋）岳飞

（一）

开封陷落的消息迅速传开，北宋各地守将纷纷扯起勤王抗金的大旗。靖康元年十二月，康王赵构在相州正式开大元帅府，打出了抗金旗号。恰在此时，岳飞和妻儿受尽流离颠沛之苦后，终于回到相州。在山河破碎之际，相州虽然还没有发生大规模的战役，但其景象却与战场上一样凄惨。

金将完颜兀术（汉名宗弼）在南下的途中曾扫荡过汤阴县。完颜兀术是金太祖完颜阿骨打的第四子，女真人惯称为"四太子"。当时，他尚是"二太子"完颜斡离不手下的一员大将。女真铁骑所过之处，老弱惨遭杀害，妇女尽被驱掠，男子则被强行征召入伍，充当苦力和"炮灰"。

岳飞看着眼前荒芜的村庄和还未来得及掩埋的尸骸，痛不欲生。唯一令他感到欣慰的，是老母姚氏尚在人间。岳飞听说京师已经沦陷，徽、钦二帝都生活在金兵的严密监视之下，心如刀绞，痛不欲生。

母亲姚氏见状，知道儿子心系国家，立即将其叫到面前。孝顺的岳飞来到母亲面前，双眼噙满泪水。年迈的姚氏对儿子说：

"我儿心系国家，为母心里觉得十分欣慰。如今康王正在相州募兵抗金，你去投奔他吧！"

岳飞"扑通"一声跪在地上，凄然说道：

"百善孝为先，母亲年迈，儿子不忍让您独自在家过活。"

姚氏颤巍巍地说：

"为母虽然没读过什么书，但圣贤之言还是略有所闻的。自古以来，忠孝两难全。忠孝，忠孝，忠在孝之前。我儿若能为国家尽忠，我这把老骨头也会感到脸上有光啊！你就不要犹豫了，快去吧！"

岳飞见状，含泪说道：

"儿子定然不会忘记母亲的教诲！"

这时，姚氏又让岳飞的妻子刘氏捧来针线，命岳飞脱下上衣。岳飞不知母亲的用意，但还是照办了。姚氏含着泪对岳飞说：

"儿子是母亲的心头肉，但为母还是要在你的背上刺上4个大字，让你时刻不忘尽忠报国。"

说着，姚氏便用针在岳飞的脊背上一针一针地刺上了"尽忠报国"4个大字。岳飞明白母亲的良苦用心，紧咬牙关忍着剧痛，一动不动地跪在地上，任凭豆大的汗珠滚落下来。

当最后一针终于完成时，岳母的脸上已沾满泪水。这就是历史上撼人心扉的"岳母刺字"的故事。

不过，"岳母刺字"的故事在《宋史》上并无明确的记载，记载岳飞生平事迹的几种书籍上对此说法也不大一致。明确记载姚氏在岳飞背上刺字的书籍是成书较晚的《唐门岳氏宗谱》。但这本书"讹谬甚多"，不大可信。

北宋时期，妇女识字的不多，农村妇女识字的就更少了。姚氏是普通农妇，没什么背景，识字的可能性不大。也就是说，她在岳飞背上刺字的可能性微乎其微。如果说岳飞第三次从军之际曾在背上刺的话，也有可能是姚氏请人纹上去的。

但不论事实如何，岳飞背上的"尽忠报国"4个字已经成为热爱祖国的象征。后世的演义小说、戏曲等文学作品往往将"尽忠报国"误作"精忠报国"。这与历史事实是不相符的。

随后，岳飞告别了母亲和妻儿，毅然来到相州，投奔大元帅府的勤王之师去了。这是岳飞第三次从军。从某种意义上说，岳飞第一次和第二次从军大抵是被生计所迫，但这一次从军却完全是出于对国家的热爱。

岳飞这一次离开故乡，一去就是一生。从此，他南征北战，再也没有回过汤阴。但无论走到哪里，他都没有忘记母亲的教导，时刻不忘尽忠报国。

（二）

北宋的武翼大夫刘浩负责在相州招募义士，收编溃兵。岳飞来到相州，投奔的正是刘浩的队伍。岳飞向刘浩诉说了自己从军杀敌的经历，又表明了自己杀敌报国的决心，因此很受器重。刘浩当即给了他一支百余人的队伍，命其去收编一支以吉倩为首的流寇。

当时，中山、河间、太原等地惨遭金军蹂躏，百姓们都自发集结起来，主动抵抗南犯的金军。一些原本反抗北宋统治的起义军，如著名的五马山寨、梁山泊水军等，都纷纷调转矛头，主动阻击和骚扰南犯的金军。

在围城中的宋钦宗听到这些消息后，忧喜交加。喜的是，金军很可能会在各地忠义民兵的打击下黯然北撤；忧的则是这些忠义民兵在抗击金军的过程中很可能会发展壮大起来。如果真是如此，金军北归之后，北宋的统治很可能会被各地的起义军推翻。

一天傍晚，岳飞带着数十名骑兵悄然来到吉倩所部驻扎的山寨下。

岳飞令众人留在山下，自己则带着4名骑兵来到山寨传话，规劝他们参加抗金斗争。吉倩等人十分豁达，当即表示愿意归顺朝廷，参加抗金战斗。不过，他们毕竟曾经与朝廷为敌，心中还是有一些顾虑。

岳飞见状，再三保证说：

"岳某敢以项上人头保证，朝廷绝对不会追击各位的过去。"

岳飞的话音刚落，一名大汉就猛扑过来，挥拳向他打去。岳飞眼疾手快，侧身躲过大汉的拳头，挥手向其面颊劈去。大汉"哎呦"一声倒在地上。岳飞趁势拔出佩剑，指向大汉的咽喉。

吉倩等人慌忙出来劝止。岳飞大声怒斥道：

"国家危难，大丈夫不去杀敌，反倒自相残杀，难道就不感到羞愧吗？"

吉倩呵斥了那名壮汉几声，又转向岳飞，好言劝道：

"军爷息怒，我等愿随军爷上阵杀敌，报效国家。"

岳飞大喜，立即令吉倩集结山寨的弟兄，烧毁营寨，往相州而去。吉倩所部有380多人，这也是岳家军最初的人马。

岳飞立了战功后，被擢升为从九品的承信郎。这是他参加"敢死士"时曾被授予的职位，但其父岳和恰巧在彼时去世了，所以未能上任。北宋的武职官阶分52级，承信郎是最末等的军官。

岳飞在相州军营呆了一段时间，日夜领着手下的士卒在黄河南岸操练。黄河两岸天寒地冻，大雪纷飞，连黄河都结了厚厚的冰层。金军时常踏冰过河，掳掠附近的百姓。有一天早晨，岳飞正领着士卒在认真操练，突然发现一支金军骑兵从黄河上飞奔而来。

这时，一名哨兵也跑来报告说：

"大人，一支金军骑兵正朝北岸而来。"

岳飞点了点头，回答说：

"我看到了，兵力是我们的三四倍。不过，大家不必惊慌。敌军人数虽众，但他们还不知道我们的虚实。我等只要主动出击，他们定会退去的。"

说着，岳飞纵身上马，领着众人向金军冲去。一名金将见宋军人少，大笑着飞马舞刀而来。岳飞抢先迎击，两马相交时，他一刀砍中金将的肩膀。金将"哎呦"一声，翻身落马。岳飞又回马奔来，弯腰砍下了那名金将的头颅。

众人见状，士气大振，大喊着冲向敌阵。金军折了一名军官，又不知道宋军的虚实，皆不敢恋战，纷纷向南岸退去。战马在冰上跑不起来，马蹄打滑，纷纷跌倒。金军士卒也顾不上马了，纷纷弃马而去。

岳飞令士卒收拢金军丢弃的战马，得良马数百匹。当岳飞得胜的消息传到大元帅府后，赵构大喜，立即擢升岳飞为保义郎。保义郎在武官中位居第五十位。也就是说，岳飞因战功而连升两级。

（三）

岳飞虽然屡挫金军，但这些小规模的胜利根本无力扭转整个战局。软弱的康王赵构等人更是畏敌如虎，不敢领兵迎敌。按宋钦宗蜡书的命令，河北大元帅府赵构应该立即开赴京师，以解开封之围。但赵构却犹豫不决，令陈遘、宗泽和汪伯彦等人商议今后的行动。

结果，宗泽和汪伯彦产生了激烈的争论。宗泽主张立即从浚州渡河，向开封方向靠拢。这是一条进军开封的捷径。汪伯彦等人却主张移军东平（今山东省东平县），理由是避开敌军主力，迂回救国。实际上，这就是一种逃跑借口。然而赵构却采纳了汪伯彦的意见，命令部队向东平方向集结。

宗泽无奈，只得率领本部兵马向东移动。当时，赵构麾下共分为前、后、中、左、右五路人马。其中刘浩为前军统制，直接归属副元帅宗泽的指挥。当大军来到大名府（今河北省大名县东）附近时，刘浩命岳飞率领一支300余人的骑兵分队前往魏县（今河北省魏县东北）的李固渡侦察敌情。

　　岳飞领命而往。不料，众人在侍御林的地方与一支金军部队相遇。岳飞率部死战，终于打退了金军，并顺利完成了侦察任务。刘浩大喜，立即上表，擢升岳飞为正九品成忠郎。成忠郎位于武官序列第四十九位，依然是下级军官。不过，这已是岳飞第三次从军以来的第三次升迁了。

　　不过，岳飞并没有当这个成忠郎。因为他的曾祖父名为岳成，按古代的惯例，必须避尊者、长者的名讳。于是，刘浩又给了岳飞一个"寄理保义郎"的职位。保义郎本来比成忠郎低一级，但加上"寄理"一衔，便与成忠郎同阶了。

　　由于岳飞完成了对敌营的侦察，宗泽从容不迫地指挥大军与金军展开厮杀。然而，河北大元帅赵构却在此时悄悄绕过李固渡，进驻了大名府。几日后，宗泽打败了李固渡的金军，移兵大名。与此同时，信德府（今河北省邢台市）知府梁杨祖也领着勤王大军赶到。河北大元帅府的兵力大振，已足以和金军相抗衡了。

　　但就在此时，昏庸的宋钦宗却派人给赵构送来一道御笔蜡书。蜡书上略言：金军同意议和，大元帅可就近屯兵，不可妄动。

　　赵构得书大喜，立即向诸将宣布这一"好消息"。汪伯彦以为议和可信，因此更加坚定了屯兵东平的主张。只有宗泽明智指出：

　　"金军所谓的议和不过是骗人的把戏罢了，他们的真正目的是要阻止我各路勤王大军开赴京师。敢请大元帅立即取道澶渊（古湖泊名，在今河南省濮阳市西），火速进军京师。"

　　赵构沉思半晌，说道：

　　"副元帅此言差矣！依我看，金军议和是真。再说，我等只要遵照皇上的吩咐办事就可以了。"

　　宗泽还是坚持请赵构出兵开封，赵构有些不耐烦了，遂调拨万余人马给宗泽，让其南下澶渊，自己则和汪伯彦等人按照既定计划，开赴东平。

就这样,年近古稀的宗泽毅然承担了解救开封的重任。靖康元年十二月下旬,宗泽、刘浩等进军开德府(今河南省濮阳市),逼近开封。但昏庸的宋钦宗却在此时向金国递交了降表。金太宗完颜吴乞买下令将徽、钦二帝贬为庶人,并将其连同数千名文武大臣和开封居民拘禁在金营之中。

随后金军腾出手来,立即将兵锋瞄准了赵构的大元帅府。为掩护赵构,宗泽向金军扬言道:

"大元帅在军中,正领兵开赴京师。"

金军信以为真,立即调集重兵围堵宗泽的大军。宗泽率部奋勇杀敌,十三战十三胜,致使金军闻风丧胆。宗泽也由此在金军中赢得了"宗爷爷"的美名。

然而,单凭宗泽的一支大军已经无法扭转局面了,北宋的灭亡已成定局。

(四)

岳飞在宗泽的大军中屡立奇功。靖康元年末,岳飞受命率领一支百余人的骑兵部队前往滑州(今河南省滑县)进行武装侦察。临行前,刘浩将岳飞叫到面前,嘱咐他说:

"此次侦察要深入敌营,非常危险。尔等应怀上报国家、下慰黎民之心,努力完成任务。"

岳飞朗声回答道:

"请将军放心,岳某此去定然不负使命!"

刘浩大喜,立即命人把自己的战马牵来,送给岳飞骑乘。岳飞十分感动,当即带着士卒们向滑州进发了。

岳飞率部一直深入滑州南部邻近开封府的地界,成功完成了侦察任务。不料，他们在回师途中与一支金军骑兵遭遇。一个金将飞马而来，挥刀直取岳飞。岳飞马快，闪过一旁，举刀将那名金将砍翻，然后率部冲杀过去。金军见状，纷纷溃退，不敢再战。

岳飞回到营中，向刘浩叙述了路上的遭遇。刘浩大喜，立即上表为岳飞请功。岳飞因此得以连升三级，当上了从八品的秉义郎。

宗泽屡屡得胜，信心大增，立即上书大元帅赵构，请其召集各路勤王大军，火速进京。然而，此时的赵构已经阴怀称帝之心，汪伯彦等人更想建立拥戴之功。他们也不管什么民族存亡和国家安危了，只顾打着自己的如意算盘。

因此，赵构对宗泽的建议置之不理，一心盼着金军碾碎开封，最好杀了他的父亲徽宗和哥哥钦宗。如此一来，他这个大元帅就能顺理成章地登上帝位了。宗泽无奈，只好领着一支孤军，继续在开封外围作战。

靖康二年（1127）正月，宗泽指挥大军与金军在南华（今河南省东明县）附近展开了激战。岳飞在阵中左冲右突，如入无人之境。当他看到金军的两名旗手在阵中往来，为敌人指明攻击目标时，立即拈弓搭箭，将其射死。

旗手死了，金军失去了攻击目标，顿时大乱。宗泽指挥大军掩杀过去，杀敌无数，并缴获大批军械。

岳飞因战功卓著，又连升两级，为正八品的修武郎。修武郎在北宋的武官中位居第四十四位。

就在这时，岳飞听说金军已经占领了他的家乡汤阴县。不久，他又听说妻子刘氏不能守节，竟抛下老母和幼子改嫁了。岳飞想起年迈的母亲和年幼的孩子，心如刀绞，但他并不恨刘氏，因为这一切都是金军造成的。

二月，金军分兵两路，一路进攻开德、濮州（今山东省鄄城县北），包抄宋军的后路；一路在正面进攻，牵制宗泽的主力。宗泽立即调兵遣将，令刘浩率领一支兵马北上还击。刘浩的前军在曹州（今山东省菏泽市南）与金军相遇，两军立即展开了激烈的混战。岳飞披头散发，挥舞四刃铁锏，身先士卒，直贯敌阵。金军骑兵负重过多，机动性较弱，不善白刃战，因此被宋军打得仓惶而逃。

战后，岳飞又因战功而连升两级，为从七品的武翼郎，位居武官第四十二级。

混战过后，刘浩驻军广济军定陶县（今山东省定陶县）的柏林镇。一心想当皇帝的赵构生怕宗泽打败金军，救出徽、钦二帝，急忙下令解除他对前军的指挥权。

刘浩的前军被划归黄潜善指挥。黄潜善原是河间府知府、兼高阳关路安抚使。赵构驻军东平之后，先后任命黄潜善为节制军马和副元帅。

当时，大元帅府已集结了8万兵力，但归宗泽指挥的只有2.6万人，归黄潜善指挥的却有3.6万余人，其余归大元帅直接指挥。黄潜善畏敌怯战，只知保存实力，因此按兵不动，致使宗泽陷于孤军苦战的境地。

此后，宗泽虽然取得了一些小型战役的胜利，但自己的队伍也蒙受了相当的损失，再也无法向开封靠近半步了。

靖康二年四月，金军将徽宗、钦宗，连同宗室、后妃、百官、工匠等3000余人俘掠北去，其中包括时任御史中丞的秦桧。开封的金帛、宝货，朝廷的文物、图册等，也被金军洗劫一空。北宋王朝至此覆亡。这就是历史上所谓的"靖康之耻"。

为进一步统治中原，金左副元帅完颜粘罕、右副元帅完颜斡离不等另立原北宋大臣张邦昌为傀儡皇帝，国号大楚。

岳飞十分痛恨贪污腐败的文官和畏敌不战的武将。有一次，高宗皇帝随口叹道："天下什么时候才能太平啊！"岳飞当即回答："文臣不爱钱，武将不惜命，天下当太平。"

第六章　越职上书

欲将心事付瑶琴，知音少，弦断有谁听？

——（宋）岳飞

（一）

北宋虽然灭亡了，但除了太原、真定等11个州郡失守之外，其余20余个州郡依然在爱国军民的控制之下。这也是金国扶持张邦昌做大楚皇帝的重要原因。

但是，伪楚政权一诞生就成为众矢之的，甚至连伪楚政权内部的一些大臣也持反对态度。各地军民日夜盼望建立一个新的抗金政权。

谁来当皇帝更有号召力呢？在封建忠君思想的驱使下，国人只知道有赵氏，而不知有金人。但赵氏宗室的大部分成员都已被金国掳走，只剩下河北大元帅、康王赵构了。也就是说，赵构成了皇帝的不二人选。

靖康二年四月下旬，张邦昌不得不派人把御玺送到济州（今山东省济宁市），奉迎康王赵构为帝。此时，赵构的大元帅府已经移驻济州一月有余。得到张邦昌的劝进书后，赵构全然不顾自己的父兄全被敌军所俘的事实，喜悦之情毫无掩饰。

四月二十一日，赵构离开济州，前往南京应天府（治所在今河南省商丘市）。大元帅府所辖的各路大军也陆续抵达。宗泽、刘浩和岳飞等武将一路护送，安全地将赵构送到南京。

五月初一，赵构在南京登基称帝，改元建炎，是为宋高宗。高宗在南京称帝，标志着南宋王朝正式走上历史舞台。

登上帝位后，高宗皇帝首先任命黄潜善为中书侍郎，汪伯彦为同知枢密院事，执掌朝廷大权。黄潜善和汪伯彦都是朝野皆知的投降派，他们只顾自己的前程，根本不顾国家和民族的存亡。而对抗金有功、金人闻风色变的宗泽，高宗却只任命他为襄阳（今湖北省襄阳市）知府，令宗泽被排挤出中央政府。

稍稍令人欣慰的是，高宗皇帝三天后又下诏启用抗金名臣李纲为左相。投降派一听高宗这样任命，立即群起而攻之，说李纲"为金人所恶，不当为相"，污蔑他"有震主之威"。李纲奉诏来到南京后，对高宗说：

"如臣愚蠢，但知有赵氏，不知有金人，宜为所恶。然谓臣不足以任宰相则可，谓为金人所恶，不当相，则不可。"

高宗当即好言抚慰李纲一番，并把弹劾李纲的一些大臣贬了官。然而，他仍将巩固帝位的基础放在投降派身上。建炎元年七月，高宗为抑制李纲，又提拔黄潜善为右相。

李纲一上任，就提出了议战和、议僭逆（指张邦昌）、议伪命（指大楚政权的伪官）、议巡幸（指选定抗金指挥部的所在地）等关系国家大计的十项重大议题。当时，举国上下同仇敌忾，抗金热情很高，纷纷要求迎还二圣（即徽、钦二帝），复仇雪耻。可以说，南宋立国之初，舆论环境对抗金形势的发展是十分有利的。

"迎二圣"在南宋初年是一个响亮的政治口号，不管是像李纲一样的主战派，还是像黄潜善、汪伯彦一样的投降派，都每天将这句口号挂在嘴边。就连高宗皇帝也经常满眼泪花地说：

"我们一定要迎回二圣。"

不过，主战派内心的想法与口号一致，但投降派的心里却打着自己的小算盘。且不说黄潜善、汪伯彦等靠拥立赵构而起家的大臣，就是赵构自己也不愿意迎回自己的父兄。试想，一旦徽、钦二帝回朝，宋朝的皇帝究竟该由谁来当呢？

李纲等主战派主张扩充军队，加强战备，以抗战胜利迫使金国送还"二圣"；而投降派则主张遣使与金国谈判，以"迎二圣"。很显然，在敌强我弱的情况下，谈判不会起到任何作用，但这却正和高宗之意。

因此，他采纳了汪伯彦等人的建议，遣使与金国进行讨价还价的割地乞和活动。为让金国和天下百姓看见自己迎回"二圣"的决心，高宗甚至不惜把黄河以北的领土都拱手让给金国。

（二）

宋高宗在南京称帝后，各地抗金军民翘首以待，都希望新皇帝能够有所作为，领兵北征金国。李纲也多次建议高宗亲自去一趟京师，以坚定全国军民的抗战之心，然后再考虑定都之事。宗泽等人则建议高宗速回京师，以安定人心。

不过，高宗皇帝并不想回开封。这座作为北宋都城长达百余年的城市已在战火中被焚毁殆尽。而且，开封地势开阔，无险可守，一旦金军来攻，又会成为一座孤城。因此，高宗皇帝很不愿意回开封。李纲等人退而求其次，建议迁都。他上书说：

"以天下形势而观，长安（今陕西省西安市）为上，襄阳次之，建康（今江苏省南京市）又次之……"

但黄潜善、汪伯彦等投机分子不但坚决反对将朝廷搬回开封，还反对迁都长安、襄阳等地。他们主张向东南撤退，离金国越远越好。很显然，黄潜善等人的主张是符合高宗心意的。

身为下级军官的岳飞听说皇帝要巡幸东南，怒不可遏。几个月以来，他所在的部队受黄潜善的约束，眼看着金军在各地肆虐，却不能上阵杀敌，因而十分愤懑。如今，高宗竟然又要避战江南，这种懦弱无能的行为终于激怒了岳飞这位人微言轻的下级军官。

憋不住满腔怒火的岳飞提笔写了一道数千言的奏章，即《南京上皇帝书》。岳飞的上书有几千字，今已佚失，仅剩概略。概略如下：

> 陛下已登大宝，黎元有归，社稷有主，已足以伐虏人之谋。而勤王御营之师日集，兵势渐盛。彼方谓吾素弱，未必能敌，正宜乘其怠而击之。而李纲、黄潜善、汪伯彦辈，不能承陛下之意，恢复故疆，迎还二圣，奉车驾日益南。又令长安、维扬（今江苏省扬州市）、襄阳准备巡幸。有苟安之渐，无远大之略，恐不足以系中原之望。虽使将帅之臣，戮力于外，终亡成功。
>
> 为今之计，莫若请车驾还京，罢三州巡幸之诏，乘二圣蒙尘未久，虏穴未固之际，亲帅六军，迤逦北渡，则天威所临，将帅一心，士卒作气，中原之地，指期可复。

在上书中，岳飞责备了黄潜善、汪伯彦等人，请求皇帝改变主意，取消去长安等州"巡幸"的诏令，车驾还开封，主持大计。

这是岳飞第一次正式批评朝廷的投降政策。北伐还是南逃，进驻开封还是退居扬州，是关乎国家和民族存亡的焦点之一。李纲和宗泽都是在这个问题上据理力争、寸步不让的。岳飞的批评切中投降派的要害，这表明此时的岳飞已经具备了超人的见识。

自立国以来，赵宋王朝就奉行以文制武的政策，有意贬低和压抑武官。按照官制，一般由文臣枢密使统管军政，与"三衙"（殿前都指挥使司、侍卫亲军马军都指挥使司、侍卫亲军步军都指挥使司）形成文尊武卑的关系。"三衙"长官虽为武将之首，但在参见宰相和执政时，仍需"执梃""谒拜"；辞别时，必须恭敬作揖。这是宋时偏裨参见将帅的"军礼"。

因此，武官参与国家大计素来被视为越轨行为。而当时的岳飞不过是一个从七品的下级军官，在那个鄙视武夫的时代里，他居然敢上书规谏皇帝，指斥宰执，评议时政，这无疑需要非凡的胆识和勇气。

岳飞的上书刺痛了黄潜善和汪伯彦等人，他们立即以"小臣越职，非所宜言"为由，将岳飞"夺官归田里"了。这个打击对岳飞来说是十分沉重的。但黄潜善和汪伯彦只能削去他的军职，却无法改变他从戎报国的决心。

建炎元年七月，岳飞黯然离开了弥漫着和谈气氛的南京，毅然渡过黄河，走到了抗金的最前线。而高宗皇帝却在此时颁布诏书说：

"京师未可往，当巡幸东南，为避敌之计。"

（三）

岳飞渡过咆哮的黄河，看到杂草丛生的田野、被金人掳掠一空的村庄，不禁悲从中来。途中，岳飞看到了河北招抚司张贴的招募抗金健儿的榜文，不禁大喜。他来不及回家看望老母和幼子，就匆匆奔赴大名府参军去了。

河北招抚使张所原任监察御史一职，因极力反对高宗南迁，指责黄潜善等人奸邪不可用而被贬职江州（今江西省九江市）。李纲从大局出发，立主在河北设立招抚司，由张所任招抚使；在河东设立经制司，由傅亮任经制副使，负责收复两路沦陷的州县。

当时，河北、河东等地被金军攻破的州县只有怀州（今河南省沁阳市）、卫州（今河南省卫辉市）、浚州和真定府，其他府、州、军依然在爱国军民的控制之下固守待援，金军连从燕山府南下的通道也未能保持。张所就任河北路招抚使后，积极招募民兵，筹划粮饷，准备先克复怀州等地，再解除敌人对中山府的包围。

建炎元年八月，岳飞来到河北招抚司，坚持要求参见张所本人。侍卫见岳飞这位名不见经传的小人物居然要见招抚使，不禁大笑起来。招抚司中有一位任干办公事的幕僚，名叫赵九龄，听见门前喧哗不止，便出来查看。

岳飞与赵九龄交谈一番，将自己的经历和军事见解如实说了出来。赵九龄慧眼识英才，认为岳飞是一位不可多得的将才，因此立即向张所大力推荐。

张所了解了岳飞的情况后，以"国士"的礼节接待了他。寒暄过后，张所问岳飞：

"听说你跟随宗留守（指宗泽，此时已迁任开封留守）时勇冠三军，请你估算一下，你一个人到底能抵挡住多少敌兵？"

岳飞从容答道：

"打仗光凭勇敢是不可靠的，指挥打仗首先要有好的谋略决策。谋，是胜败的关键。故为将之道，不患其无勇，而患其无谋。"

接着，岳飞又将古代兵法中"上兵伐谋，次兵伐交"的道理说了一遍。张所大为惊奇，赞叹道：

"以公之才，不应该只当一名普通的士卒啊！"

张所拉着岳飞的手，令其坐在自己身边，和他促膝交谈。岳飞受宠若惊，侃侃而谈，向张所叙述了自己的理想和抱负。他分析了河北的重要性，说本朝以开封为京都，平川旷野，长河千里。如果不能收复河北，不仅河南无法守卫，连江淮也得失未卜。

张所是一名饱读诗书的儒者，虽然不大懂用兵之道，但却有一双慧眼。他觉得岳飞乃是千古难求的奇才，当即决定予以破格提拔。于是，岳飞便以白身的身份"借补"修武郎、阁门宣赞舍人，充任中军统领。

不久，张所又破格提拔岳飞为武经郎，升任统制，归都统制王彦指挥。武经郎位居宋朝武官第四十级。也就是说，与被革职前相比，岳飞的职务提高了两级。或许这就是人们常说的"塞翁失马，焉知非福"吧！

（四）

张所、傅亮等人积极在河北组织抗金队伍，但朝中关于战或和的争论始终没有平息。李纲抗金的坚决主张终于激起了宋高宗及汪伯彦、黄潜善一伙的不满。他们想方设法地驱逐李纲。恰在此时，李纲惩办了叛臣张邦昌等人，金人便以此为借口向高宗皇帝施压。黄潜善、汪伯彦趁机指使朝中大臣上书弹劾李纲。

不久，黄潜善、汪伯彦又在高宗面前进谗，撤掉了傅亮经制司副使的职务。这就等于砍掉了李纲的一条臂膀。与此同时，黄潜善和汪伯彦还处处限制张所的抗金活动，甚至不准张所动用存放在大名府的兵器和甲胄。

张所历尽艰辛，好不容易才在九月初拼凑了7000余人装备不良的军队，命王彦前去收复卫州等地。卫、怀、滑三州位于河北西路最南端，是金军楔入中原的桥头堡，对开封和西京河南府（今河南省洛阳市）都构成了很大的威胁。如果能收复这几处要地，就能扼住金军的咽喉，使其无从南犯。

然而，部队还没来得及出发，张所就接到了被贬职岭南的诏命。不久，李纲也被排挤出朝廷，贬至鄂州（今湖北省武汉市武昌区）。从上任到被贬，李纲只当了75天宰相，但他所采取的抗金措施却让金国上下胆战心惊。如果不是宋高宗、黄潜善和汪伯彦等人的阻挠，历史很可能会被改写。李纲被罢免之后，他的抗金措施也随之全部废弃。

岳飞与李纲没什么接触，对他的被贬也没什么感触，但他对张所被贬一事却始终耿耿于怀。张所对国家一片丹心，忠于职守，根本没什么过错，黄潜善等人竟为了一己之私将其贬职岭南，可见用心何其险恶啊！

　　当时的岭南地区与今天的繁华景象不同，那时还完全是一片蛮荒之地。论严酷程度，贬职岭南仅仅次于杀头。张所在岭南呆了一段时间，后来取道潭州（治所在今湖南省长沙市）北归，不料途中遇到了土匪，惨遭杀害。

　　张所是岳飞一生中最为敬重的人之一。两人虽然只相处了短短一个月的时间，但艰厄时刻的知遇、抗金志向的契合，都让岳飞终生难忘。多年之后，岳飞身居高位，依然不忘张所的知遇之恩。

　　后来，岳飞费了很大的气力，终于找到了张所的儿子张宗本，"教以儒业，饮食起居，使处诸子右"。这段话的意思是说：岳飞对待张宗本比对自己的儿子还要好。

　　有一次，岳飞立了战功，朝廷要授予其子岳云一个官衔。岳飞特别上疏奏请，追复张所，并将本该授予岳云的官衔授给了张宗本。

　　张所被贬谪之后，他一手建立起来的部队不但不曾解散，还在王彦、岳飞等人的苦心经营下日益壮大起来。

　　王彦是上党（今山西省长治市）人，少有大志，喜读兵书，更喜欢骑马、射箭等事。成年后，他投身军旅，曾两次跟随北宋名将种师道出征西夏，立下了赫赫战功。

　　张所受命为河北招抚使之后，立即启用王彦，令其为都统制，指挥麾下的所有兵马。王彦也没有忘记张所的知遇之恩。九月二十一日，王彦按照张所的既定计划，召集了岳飞、张冀、白安民等11名统制，率领所部7000余人渡过黄河，向金军发起了突然袭击。

　　当天，王彦所部就夺回了卫州的新乡（今河南省新乡市）县城。岳飞在此战中表现突出，他身先士卒，率部生擒了金军千夫长阿里孛，又打败了金军万夫长王索的反扑。

　　金军屡败，以为宋朝的大军开到，立即集结数万人围攻王彦所部。王彦的几千名孤军被金军重重包围起来，陷入困境。激战数日之后，城中弹尽粮绝，人困马乏，眼看就要全军覆没了。王彦当机立断，决定率领众人突围，往共城（今河南省辉县）西部的山区撤退。

王彦冲出重围，转战几十里，只收得残部700余人。众人陷入困境，不得不商议何去何从。为保存实力，王彦主张暂时按兵不动，联络各地的抗金队伍，然后再作打算。年少气盛的岳飞却不理解王彦，责备他说：

"二帝被敌军所俘，正在受苦，我们这些当臣子的不想着速战速决，迎回二帝，怎么能在此观望呢？难道大人要依附贼兵吗？"

岳飞莽撞的言行激起了众人的不满，一位参谋甚至在手上写下"杀"字，暗示王彦杀掉岳飞。不过，大度的王彦并没有责怪岳飞以下犯上，心想岳飞不过是年轻气盛罢了。

第七章　投奔宗泽

三十功名尘与土，八千里路云和月。

——（宋）岳飞

（一）

年轻气盛的岳飞不能理解王彦持重的做法，当夜就率领本部兵马往别处去了。他带着一支百余人的部队，四处流浪，且战且走，倒也给金军造成了一些损失。但这毕竟是散兵游勇，不成气候。

不久，岳飞所部在共城西北的候兆川遭遇了数倍于己的敌人。岳飞临危不惧，勉励士卒说：

"敌军虽然势大，但只要我们奋力向前，定能取胜。你们现在就随我杀入敌阵，不听命令者斩立决！"

这是一场惊天地泣鬼神的恶战。两军从早晨一直战到黄昏，从山谷杀到山顶，又杀到山谷，直杀得尸横遍野，血流成河。天色暗下来后，金军渐渐不敌，终于溃败而去。岳飞回首望望自己的部队，也只剩下了几十个人了。他又低头看看自己，身上已经被鲜血染红，十多处刀伤传来阵阵剧痛，几乎无法忍受。

岳飞强忍剧痛，率领众人潜入太行山区。起初，他们还能勉强靠劫掠过往的金兵维持给养。但时间一长，加上寒冷的冬天降临，士卒们在天寒地冻之中渐渐支撑不住。不久，他们连战马都杀掉吃光了。

就在这时，岳飞听说王彦在共城已经发展壮大，拥众十余万。原来，王彦自新乡兵败后，一直在共城西山修养。他派遣心腹与河北、河东诸路英雄联络，不断加强自身的力量。不久，河北、河东的抗金民兵首领傅选、孟德、刘泽、焦文通等19人相继率部来投。王彦声威大震，兵众达十多万人，绵亘于数百里内，金鼓之声，彼此都可互相听到。

金军将王彦视为劲敌，出重金赏购他的人头。为安全起见，王彦经常变换休息的地方。士卒们见状，不忍主帅如此劳碌，便相约道：

"我们不如在脸上刺字，让敌人认不出主帅。"

这一提议立即得到了广泛的响应。于是，众人纷纷在自己的面部刺上"赤心报国，誓杀金贼"8个字。时间一长，这支部队就被人们称为"八字军"了。

岳飞听说"八字军"已成气候，不禁十分懊悔。不过，他的性格虽然十分倔强，却敢于正视自己的过错。他单身匹马来到王彦的山寨，叩门谢罪。王彦倒也大度，备酒席招待了岳飞。

酒席上，一位刘姓幕僚屡屡在手上写下"斩"字给王彦看，暗示王彦杀掉岳飞。但王彦视而不见，依然殷勤劝酒。酒过三巡，菜过五道，岳飞向王彦说明了来意。他此行的目的有两个：一是向王彦谢罪，二是请求王彦允许他归队。

王彦虽然大度，但对往日的嫌隙仍然有些耿耿于怀，因而不肯收留岳飞。岳飞又请求道：

"都统既然不愿收留岳某，在下也不会强人所难。但末将还有一事相求，就请都统看在我等皆为大宋效力的份上，借我一些粮草吧！"

王彦一听，笑着说：

"你犯了军法，论罪当诛。不过，你离开我已经很久了，今天又能只身来营中谢罪，足见你是个有胆有识的汉子。如今国家危难，人才难得，我也不杀你。你去吧，但粮草不能借给你。"

岳飞既没得到王彦的收留，也没借到粮草，碰了一鼻子的灰，但并没有气馁。回到太行山腹地后，他继续领兵与金军周旋。

有一次，岳飞发现了一支运送粮草的金军小部队，当即率部冲了出去，不但截获了大批粮草和几十匹战马，还俘虏了金将拓跋耶乌。

还有一次，岳飞发现金军的一支大部队正在山间蜿蜒而行。岳飞灵机一动，命令几十名士卒据守各处险要，虚张声势。他自己则舞动铁枪，飞骑来到山下，以迅雷不及掩耳之势刺死了一名女真酋长。金军见岳飞敢单枪匹马前来挑战，又见各处山头上隐隐有人影出没，以为中了埋伏，仓惶而走。

（二）

南宋初年，活动在河北、河东地区的抗金武装很多。除了王彦的"八字军"和岳飞的散兵之外，力量最强、影响最大的还有河东的红巾军和河北的五马山寨起义军。

河东红巾军并不是一支统一的队伍，而是由几十支独立的武装组成的。由于士卒均用红巾裹头，故称红巾军。

红巾军或数千人为一营，或万余人为一寨，驻扎在河东各地，互为支援，声势甚大。有一次，红巾军袭击隆德府（治所在上党）的金营，金左副元帅完颜粘罕几乎被俘。完颜粘罕大怒，但又找不到红巾军的影子，只好屠杀平民泄愤。

河北西路庆源府（今河北省赵县）赞皇县有一座山，因上有5块很像战马的石头，被称为五马山。北宋武义大夫马政之子马扩和赵邦杰等人以高宗之弟信王赵榛的名义（有历史学家认为，这个信王可能是别人假冒的），招抚百姓山上抗金。据史书记载，"两河遗民闻风响应，愿受旗、榜者甚众"，数月即达几十万人，影响力很大，甚至连金国真定府获鹿县（今河北省鹿泉市）知县张龚也与五马山寨联络，起兵反金。

朝中大臣对民间抗金力量有两种截然不同的意见。宋高宗、黄潜善、汪伯彦等投降派既害怕金国，也害怕和憎恶民间抗金武装。五马山寨因为以信王赵榛作号召，更加遭到高宗皇帝的猜忌，被视为对其皇帝宝座的直接威胁。

不过，李纲、宗泽等主战派则十分重视民间抗金武装力量。他们主张依靠北方各地的义军，恢复赵宋的故土，洗雪国耻。李纲罢相后，镇守东京的开封留守宗泽成了抗金活动的中心人物。北方各地的民间抗金武装无不希望能归顺宗泽，接受他的领导。

宗泽自建炎元年六月担任开封留守以来，一边加强开封的防御力量，整顿毁废的城防设施，沿大河建立连珠寨，规划光复旧物的大计；一边与河北、河东等地的民间抗金武装首领联络，将其收为己用。王善、杨进、王再兴、李贵、丁进、马皋、张用、曹成、马友、李宏等民间抗金武装纷纷归附，各地的散兵游勇也纷纷从四面八方前往开封府投军。

仅仅半年多的时间，宗泽就编组了一支近百万人的大军，积储了足供大军半年食用的粮草。宗泽执法严明，赏罚公平，全军上下都心悦诚服地听从他的命令，在军民中享有极高的威信。

建炎二年（1128）春，金军再次南下。宗泽利用朝廷授予他"便宜从事"的特权，立即任命王彦为河北、河东制置使，掌管两河地区的军事，率部渡河，防备金军南犯。王彦按照宗泽的意见，率领"八字军"的全部人马和部分忠义民兵首领，南渡黄河，把部队布置在黄河沿岸，完全听受东京留守宗泽的指挥。

此时，岳飞还在太行山腹地打游击。王彦在调兵遣将之际想到了他，便立即派人去联络岳飞，使其把守荥河（今山西省万荣县荥河镇）隘口。但是，顾虑重重的岳飞没有听从王彦的号令，而是直接领兵渡过黄河，来到了开封。

岳飞看着固若金汤的开封，心想：

"到底是老将，我等这次总算有依靠了。"

然而，他还没有见到宗泽，就被人告发了。东京留守司的官员查清了岳飞背离王彦的经过，立即上报宗泽，准备处死岳飞。按照宋朝的军法，如果没有主将的命令，副将等擅自下令或改易旗帜者，或背军而走者，一律斩立决。

岳飞曾在刘浩的军中跟随宗泽多年，是宗泽的老部下。因此，宗泽早已知悉岳飞的骁勇敢战，认为他是一个难得将才。因此，宗泽沉思半响后吩咐说：

"方今国家危难，正是用人之际，不如暂且将岳飞留在军中，降官为秉义郎，让其将功补过吧！"

就这样，岳飞再次成为宗泽的部下。建炎二年十二月，金军大举南侵，进犯孟州（今河南省孟县）的汜水关（今河南省荥阳市虎牢关）。宗泽当即委派岳飞为踏白使，率领500名骑兵前往武装侦察。

临行前，宗泽拉着岳飞的手，对他说：

"你论罪当诛，但我暂且不杀你。你此去要为我立功，不得轻易与敌军交战！"

岳飞领命而去，在汜水关一带出没，多次和金军接触，取得了数次胜利。当他凯旋开封之时，宗泽大喜，立即提拔他为统领，不久又将其提升为统制。

（三）

建炎二年春，宋军和金军在开封及其毗邻的州县展开了残酷的拉锯战。此次南侵，金军兵分三路，倾巢而出，其势汹汹，不可一世。东路由"三太子"完颜讹里朵（汉名宗辅）和元帅左监军完颜挞懒

（汉名昌）统率，直扑开封。完颜讹里朵时已接替病死的"二太子"完颜斡离不，任右副元帅。西路由完颜娄室和完颜撒离喝（汉名杲）率领，攻打陕西。中路军由左副元帅完颜粘罕和元帅右监军完颜谷神（汉名希尹）指挥，进犯京西地区。

　　留守开封的宗泽几乎陷入四面受敌的险境，但他却在艰难的搏战中表现出了非凡的智慧和勇气。一支部队打光了，另一支部队立即顶上去；一些州县虽然失守了，但他们很快又收复了另一些州县。

　　在诸多战役中，滑州战役打得最为激烈。滑州是开封的北方门户，也是金军进攻开封的必经之路。为了防止金军突破滑州堡垒，宗泽在此地部署的军队全是精锐之师。交战双方在滑州展开了一场血战。金军发动了无数次攻击，宋军也发起了无数次反击。双方你来我往，在滑州留下了堆积如山的战死者尸体。

　　岳飞作为宗泽的得力将领之一，在滑州最危急的时候被派到滑州前线。宗泽知道，岳飞擅长野战，但却没有城市攻防战的经验。因此，他把岳飞放在胙城（今河南省延津县胙城乡）的黑龙潭附近，阻击支援滑州的金军部队。

　　由于滑州方向的战斗已打得如火如荼，宋军在外围的阻击战也已失去了突然性。可以说，这完全是一场以血肉之躯对血肉之躯的消耗战。岳飞将步兵方阵部署在最前沿，两侧偏后是骑兵，正后方是弓弩手。

　　金军的部署与岳飞完全相反。他们将重装骑兵部署在最前方，其后才是步兵方阵。金军之所以敢这样部署部队，主要是因为他们的骑兵都身着重达几十斤的铠甲，机动性虽然差，但防御能力却很强。

　　没有任何信号和暗示，金军的突击就开始了。在一片喊杀声中，金军骑兵压了过来。岳飞盯着渐渐靠近的金军，打了一个手势，示意弓弩手做好射击准备。金军的骑兵进入射程之后，岳飞大喊一声："放箭！"

　　刹那间，铺天盖地的弓矢遮蔽了太阳，冲在最前面的一排金军骑兵随即扑倒在地。但金军十分顽强，一拨倒下去，立刻又有一拨冲上来。渐渐地，金军冲到了宋军步兵方阵前，弓弩失去了作用。

岳飞见状，将令旗一挥，弓弩手立刻有序地撤退到安全地带。与此同时，步兵分成数个方阵，手持盾牌的士卒在外，长矛手在内，向蜂拥而来的金军骑兵发起攻击。两军立即纠缠在一起。几番攻防之后，战场逐渐变成了一片血肉模糊的沼泽。以步兵对骑兵，毕竟不占优势。宋军渐渐抵挡不住，后方防线开始出现溃退的迹象。

岳飞见状，立即率领两翼的骑兵突入金军的侧翼，向金军发起冲击。宋军的骑兵负重轻，速度快，一下就冲乱了金军的阵脚。金军的两翼受到攻击，顿时失去斗志，纷纷后退。

岳飞趁机将部队撤到山谷的高地上，重整队形，准备迎接金军的第二次冲击。顽强的金军很快就组织了第二次攻击。由于宋军占据有利的地形，居高临下，很快就将仰攻的金军骑兵压了下去。

金军发动了数次攻击，始终不能冲破宋军的防线，便改变了战术，令步兵方阵在前，以盾牌遮挡宋军的箭雨。岳飞见状，立即令步兵方阵让出数条通道，率领骑兵冲了下去。骑兵居高临下，再加上负重较轻，速度快如闪电。金军的步兵还没反应过来，就被冲散了。岳飞又将令旗一挥，宋军的步兵方阵立刻围拢过去，一阵掩杀。金军大败，仓惶而逃。

黑龙潭之战过后，宗泽发现了岳飞不凡的指挥才能，便将其留在身边，作为"救火队员"使用。从此之后，哪里的战斗打得最激烈，岳飞就出现在哪里。他每战每胜，还生擒了一名金军千夫长。

（四）

在宗泽领兵御敌的同时，河北、河东等地的民间抗金武装也在金军的后方发起了轰轰烈烈的抵抗运动。金军将领们这才发现，他们已经陷入了战争的泥沼,欲罢不能。残酷的拉锯战持续到四月,天气渐渐热起来。女真人长期生活在寒冷的北方,无法适应中原地区酷热的夏天,不得不引兵退到阴山以北地区休整。

宗泽认为这是举行反攻的大好机会。他立即上书给高宗皇帝,恳请他返回开封,鼓舞士气,主持报国仇、复故疆的大计。此时,高宗皇帝已经带着文武大臣来到扬州。扬州自古多繁华,被誉为"淮左名都"。昏庸的高宗皇帝到了扬州,整日只想着饮酒作乐,哪里还顾得上朝政!朝中之事,无论大小,一切皆由黄潜善和汪伯彦裁度。高宗甚至还洋洋得意地说:

"潜善做左相,伯彦做右相,朕何患国事不济!"

黄潜善和汪伯彦利用手中的权力,大力排挤主战派。李纲罢相后,上书言事的大学生陈东和士人欧阳澈被杀,许景衡、许翰、马伸等主战的官员亦遭贬斥。宗泽的上书被送到扬州之后,根本到不了高宗手上,就被束之高阁了。

宗泽忧心忡忡,但又无可奈何。闲暇之际,他常常找一些将领研究各次战斗的成败得失,以利再战。宗泽是一名儒将,其军事谋略往往都是从古代兵书上学来的。在任磁州知州期间,每逢战事或下达军令,他都要焚香祷告,祈求神灵的指示。李纲曾为宗泽辩护说,这是他沿用古代兵家"用权术,假于神,以行其令"的做法。但事实情况是,宗泽的战术比较死板,指挥时也不懂得临阵变通。

在这一点上,岳飞要比宗泽强得多。岳飞出身平民,读书不多,脑子里的条条框框比较少,他的大部分指挥艺术都是在实战中总结出来的。因此,他往往能在战斗中及时调整战术,使敌人摸不清他的战术思想。

有一次,宗泽和岳飞讨论战术。宗泽拿出一些古代行军布阵的图册交给岳飞,令其认真研究。岳飞双手接过,随便翻了翻,就丢在一旁。宗泽在一旁说道:

"你的勇智才艺一点也不比古代的良将差。不过,你指挥作战时往往不成章法,不符合古人的兵法。如今你只是一个裨将,用这种打法还能勉强应付。如果你将来升为主将,这种战术就不适用了。"

　　岳飞回答说:

　　"留守所赐《阵图》我已经大致看了。古今异宜,夷险异地,岂可按一定之图？兵家之要,在于出奇不可测识,始能取胜。如果在平原旷野上突然与敌人遭遇,怎能来得及按图布阵呢？况且,我今天是以裨将听命麾下,带兵不多,如按固定阵式摆布,敌人对我军虚实即可一目了然,如以铁骑从四面冲来,那就要全军覆灭了。"

　　宗泽觉得岳飞说得也有道理,又问道:

　　"那照你所说,难道阵法不足用吗？"

　　岳飞回答说:

　　"阵而后战,兵之常法,然而不能拘泥于阵势。且运用之妙,存于一心,请留守再考虑一下。"

　　宗泽沉思了一会儿,说道:

　　"看来你的见解是正确的。"

　　岳飞和宗泽的这番对话表明,年轻的岳飞已经在战争中形成了自己独特的指挥艺术。这种指挥艺术套用古代兵法上的说法,就是"兵无常势,水无常形",一切皆在于临阵变通。

第八章 高宗出逃

文官不爱钱，武官不惜命，不患天下不太平。

——（宋）岳飞

（一）

建炎二年五月，宗泽又上书高宗皇帝，请求他返回开封。与此同时，宗泽又积极与河北、河东等地的抗金武装联络，准备制定北伐的军事计划。王彦带着他的"八字军"移驻到滑州，五马山寨的首领马扩也携带着信王赵榛的信，前来东京留守司，与宗泽相会。

赵构听说信王派人去了开封，顿时慌了手脚。如果信王真的在五马山寨领导抗金大业，那他将会是自己皇位的有力争夺者。金国南侵可以不管，但有人要和自己争夺帝位，这就不能不管了。他立即派使者回复宗泽说：

"朕将还阙，恭谒宗庙。"

宗泽闻讯大喜，以为高宗已经回心转意，宋军打败金军，收复失地也就指日可待了。他立即与王彦、马扩等人制订了北伐的军事计划。计划规定，王彦等率军自滑州渡过黄河，直取怀、卫、浚、相等州；马扩等军由大名府攻打洺州（今河北省永年县东）、庆源府和真定府；杨进、李贵、王善、丁进等部分头并进，河北、河东和幽云地区的"豪杰"也与宗泽约定时日，届时将里应外合。

可以说，这是一个十分完备的军事计划，如果能够得以实施，打败金军当不在话下。然而就在这个计划制定后不久，金军突袭五马山寨，信王赵榛不知所踪。

宋高宗闻讯大喜，顿时打消了返回开封的念头。宗泽在开封左等右等，就是不见高宗的动静，心里十分着急，连续上了4道奏章，请高宗立即动身。为了说服高宗皇帝，他甚至将已经制定好的军事计划上呈到扬州。

宗泽也知道，军事计划一旦被送到扬州，极有可能会被金军侦知。但他顾不了这么多了，当下最重要的是让高宗来到开封，鼓舞士气。但他的诏书送到扬州之后就石沉大海了。

斗志顽强的宗泽历尽了刀光剑影，一心想着收复故土，换来的却是冷眼和横眉夹攻，终于忧愤成疾，一病不起。

建炎二年盛夏，宗泽卧病在床，他的部下一批接一批地从各地赶来探视。此时，岳飞已经成为宗泽最信任的将领之一。他常常守候在宗泽的病床边，细心照顾着这位老将领。

宗泽虽已病入膏肓，但仍然强振精神，勉励众人歼灭强敌，实现恢复故土的伟业。他常说的话是：

"我本来没什么病，因为二帝蒙尘已久，这才忧愤成疾的。尔等如果能为我歼灭敌兵，实现恢复故土的宏伟大业，我宗泽虽死无憾！"

部将们听了宗泽的这番话，无不潸然落泪，都纷纷说：

"我等皆愿死战到底。"

宗泽想到自己多年来积极主张抗金，但北伐计划尚未付诸实施就被搁浅了，不由悲从中来，吟起了唐代著名诗人杜甫的名句：

"出师未捷身先死，长使英雄泪满襟。"

虽然有岳飞等人的悉心照顾，但宗泽的病情还是日益加重。弥留之际，宗泽并没有提及自己的家事，只是连声疾呼：

"过河！过河！过河！"

建炎二年七月初一，宗泽带着他未尽的大业与世长辞了。开封城里的军民闻讯大哭，纷纷自发来到留守府前为宗泽守丧。岳飞更是伤心不已，身着丧服，泣不成声。

在岳飞一生中，对岳飞影响最大的长官无疑就是宗泽。虽然岳飞不是宗泽麾下的第一等武将，也不是宗泽最亲近的人，但他却是宗泽最忠实的继承人。在此后的数十年中，他始终不忘北伐大业，时刻想着收复故土。

（二）

宗泽死后，接任东京留守、开封府尹的是原北京（治所在大名府）留守杜充。杜充是相州安阳人，和岳飞勉强算是同乡。他对岳飞之名也早有耳闻，想亲自见一见这位青年将领。不过，这并不是说杜充有收复故土之志，他只不过是出于好奇，想看看这位从未打过败仗的年轻人到底什么样子。

不过，杜充上任之时并没有见到岳飞。此时，岳飞已按照宗泽生前的部署，率部跟随主管侍卫步军司公事闾勍进驻河南府了。北宋的皇陵在河南府巩义（今河南省巩义市）境内，岳飞等人的职责是保护皇陵。

和宗泽相反，杜充是一个治军无方、庸而无谋、贪生怕死的家伙。他与黄潜善、汪伯彦等人其实都是一丘之貉。刚一上任，他就取消了北伐计划，并绝断了与河北、河东等地民间抗金武装的联络。

当时，统制薛广已经率部向相州方向挺进。由于杜充取消了北伐计划，原本应当到相州与薛广会师的两名统制王善和张用未能成行，薛广兵败而死。苦守近两年的相州城不久后就陷落了，宋军守将赵不试自杀。

与此同时，河东和河北等地的民间抗金武装由于失去统一指挥，各自为政，也被金军各个击破了。著名的五马山寨遭到了灭顶之灾。

杜充还自诩"帅臣不得坐运帷幄，当以冒矢石为事"。然而，当他得知金军于当年八月又发动了强大的攻势之时，顿时吓得失魂落魄。

65

他唯一的对策，就是下令开决黄河的河堤，阻挡金军的南下之路。然而，泛滥的河水并没有阻挡金军的铁骑，反倒令沿途的百姓流离失所，饿死、冻死者不计其数。

金军南犯之际，间勖命岳飞去汜水关御敌。汜水关是西就河南府的必经之路，金军两次南下，都经由此关。岳飞曾以踏白使的身份在此地大败金军，对当地的地形十分熟悉。因此，金军刚一发动进攻，间勖就命岳飞固守汜水关。

岳飞不敢怠慢，立即率部开往汜水关。此时，金军已经开到汜水关附近，正跃跃欲试，想要冲过去。岳飞令士卒一拥而上，占据了各处险要之地。一名金军将领往来驰突，出阵挑战。岳飞拈弓搭箭，"嗖"地一声射了出去，那名金将应声而倒，摔落马下。

金军折了一名将领，斗志顿减，后阵甚至隐隐出现溃退的迹象。岳飞将令旗一挥，带着骑兵就冲了过去。金军的队形很快就被宋军骑兵冲乱了，士卒到处乱窜。宋军的步兵方阵趁机围拢上来，擒获了不少俘虏。

金军渐渐抵挡不住，纷纷退去。这时，岳飞又接到间勖的命令，前去把守汜水关东北的竹芦渡。原来，金军并不是真的要攻打汜水关，他们此举只不过是为了掩饰从竹芦渡过河的真实目的。竹芦渡河水不深，又长满了芦苇，很适合秘密行军。

岳飞抵达竹芦渡时，金军已经渡过黄河，列阵待发了。岳飞不敢轻敌，和金军对峙起来。由于军粮供应发生困难，宋军将士渐渐不支。岳飞有些着急，在营前不停地踱来踱去，思考退敌之策。

突然，他抬头看到了不远处的小山，灵机一动，想出一条妙计。当晚，他命300多名士卒携带着柴草、火种等物，悄悄潜到小山之下，放起火来。金军大惊，以为宋军援兵已到，慌忙后退。岳飞乘势率部追杀，大获全胜。

间勖闻讯大喜，立即上表提拔岳飞为武功郎。武功郎位居宋朝武将第三十五级，是诸司副将中的最高官阶。

（三）

建炎二年岁末，东京留守杜充命岳飞立即返回开封。闾勃舍不得岳飞离开，但又无可奈何，只好跟岳飞商量说：

"杜留守调统制回东京，闾某不敢挽留。但眼下金军攻势正猛，你是否可以留下几名副手，帮闾某固守河南府？"

岳飞十分欣赏闾勃身上那股死战到底的勇气，当即答应了他的请求。随后，岳飞将最能打仗的赵宏等10名武官留在西京，自己率部往开封而去。

当岳飞回到开封之时，整个东京留守司已经被杜充弄得支离破碎了。宗泽担任留守期间，民间抗金武装纷纷团结在他的周围，阻击金军南下；然而杜充担任留守之后，不但民间抗金武装被当成了盗贼，就连不少正规军也纷纷改旗易帜。

东京留守司的两名统制丁进和杨进因受不了杜充的种种折磨，终于率先叛而为"盗"。王善、张用等人也与杜充离心离德，已经在事实上独立了。这就使东京留守司陷入了拥兵百万、但却无兵可用的尴尬境地。

正因为如此，金军势如破竹，迅速攻占了黄河沿岸的一些重要城市。到建炎二年底，澶州、濮州、相州、大名、东平、济南、淄州（今山东省淄川县）、青州（今山东省益都县）、潍州（今山东省潍坊市）等地已经全部落入金军之手。

在这种情况下，杜充不思悔改，却将矛头指向了张用等人。建炎三年（1129）正月，岳飞率本部2000余人回到开封。他还没来得及喘口气，就接到了消灭张用所部的任务。

张用是汤阴县人，曾充当过汤阴县衙的弓手。弓手类似于今天的巡警，是最低级的小吏。北宋灭亡之后，他和曹成、李宏、马友绍结为异姓兄弟，聚众起兵，阻止金军南下。后来，张用、王善等人追随宗泽，皆被封为统制，成为抗金的主要力量。

岳飞见杜充要他攻打昔日的战友,心里十分难过。他当即婉言拒绝说:

"张用所部有万余人,且又有王善的支援,轻易间无法攻破,不如遣使招安。"

暴戾的杜充大怒道:

"吾意已决!如果你不肯出战,军法从事,立即斩首示众。"

岳飞无奈,只好同桑仲、马皋、李宝等屯驻开封西城外的诸将一同上阵,攻击南城外的张用所部。双方立即陷入混战。

驻守开封东门的王善闻讯大怒,立即领兵来支援张用。张用和王善所部有数万人,号称20万,而岳飞、李宝等人的部队尚不足万人。混战之中,岳飞等人渐处下风,连李宝也被生擒过去。

岳飞立即率领近千名骑兵冲入敌阵,企图冲散张用和王善所部的队形。对方的一名悍将见状,单骑直取岳飞。岳飞拍马而上,举刀奋力砍去,正中那人头颅,将其劈成两半。张用和王善所部见岳飞勇猛,不敢力敌,纷纷后退。桑仲、马皋等人乘机驱兵掩杀,杀散了号称20万之众的张用所部。

战后,岳飞被提拔为武经大夫。武经大夫位居宋朝武将第三十二级,比原来的武功郎高了三级,属诸司正使。

岳飞大败张用、王善所部,深受杜充的器重。但他们没想到的是,这场内部残杀不但极大地削弱了宋军的实力,也在一定程度上促使民间抗金武装纷纷转向金军,开始与南宋为敌了。

东明县(今山东省东明县)的民间武装首领杜叔五、孙海等人对杜充大失所望,遂领军围攻县城。岳飞又奉命前往解围,活捉了杜叔五和孙海,他也因此被升为武略大夫、借英州刺史。武略大夫位居宋朝武官第三十一阶,为正七品,算不上什么大官。借英州刺史也是一个虚职,所以前面冠上了一个"借"字。

不久,岳飞又因再次大败王善、张用,转升武德大夫,真授英州刺史。武德大夫位居武官第二十八阶,比武略大夫高三级,但仍属正七品。

（四）

在杜充忙着攻打张用、王善等人之际，兵锋正盛的金军趁势将矛头指向了扬州。建炎三年正月上旬，金军攻下徐州（今江苏省徐州市），将战场推到了淮河流域。鄜延路副总管、平寇左将军韩世忠立即率部御敌。

然而，由于众寡悬殊，且宋军士气十分低落，韩世忠所部在淮阳军（今江苏省邳州市）被完颜粘罕的大军所败，逃往沭阳（今江苏省沭阳县）。完颜粘罕立即命大军绕过韩世忠所部的防线，开赴泗州（今安徽省泗县），渡过淮河，直奔扬州的西北门户天长（今安徽省天长市）而去。

御史中丞、军事参赞张浚闻知敌情，立即向高宗汇报，建议他赶快渡江南下。黄潜善和汪伯彦等人留恋扬州的繁华，舍不得立即离开。而且，他们也不相信金军已经打过了淮河。他们一直以为，在宿州（今安徽省宿州市埇桥区）、泗州一带活动的是游寇李成的余党（黄潜善等人以为李成已被打败，实际其势力仍然十分强大）。

李成是河北雄州（今河北省雄县）人，弓手出身，以勇悍闻名。金军南下之后，他在淄川聚众抗金，后来辗转南下，活动于江淮一带。宗泽死后，朝廷取消了对民间抗金武装的扶持，李成遂沦落为游寇。黄潜善、汪伯彦曾派韩世忠征讨李成。这一历史事实充分说明了南宋朝廷的昏聩。

黄潜善等人劝高宗皇帝再在扬州稍停一些时日，等待与金军议和的消息。与此同时，他们还严禁官民谈论前线情况，严禁官民们搬家避难。没多久，前线又传来消息说，金军已经打到了天长。高宗皇帝和黄潜善等人这才慌乱起来，急忙派刘光世领兵御敌。

刘光世被誉为朝中四大名将之一，深受高宗的器重。黄潜善等人以为，有刘光世出马，金军肯定打不到扬州。然而，事实却让他们十分失望。刘光世的先头部队还没有遇到金军，就作鸟兽散了。

二月初三，金军攻占了天长，渐渐逼近扬州。高宗闻讯，来不及召集文武大臣商议对策，就穿着戎装骑马出城，往江南去了。黄潜善和汪伯彦等人听说皇帝跑了，惊出一身冷汗，随后也立即命人备马逃命。

　　扬州数十万百姓见皇帝、宰相都纷纷逃命，才知敌情严重，顿时也慌乱起来。他们扶老携幼，纷纷向城外退去。然而，御营司都统制王渊却在此时领着十万御营兵纵马狂奔，冲开人群，与民争路。马踏人挤，百姓死伤者不计其数。百姓们对黄潜善、汪伯彦等人恨之入骨，恨不能生食其肉。司农黄锷逃到江边，一名认识他的士卒高声喊道：

　　"黄相公在此！"

　　百姓以为他是黄潜善，都纷纷痛骂道：

　　"误国害民，皆汝之辈！"

　　黄锷还没来得及申辩，就被愤怒的百姓拉到马下活活打死了。给事中黄哲，还有黄堂杰兄弟等，也被军民误认为是黄潜善，死于非命。

　　宋高宗与黄潜善等辈一路南逃，一直逃到杭州才停下来。迫于舆论的压力，高宗不得不匆匆下了一道罪己诏，并罢免了黄潜善和汪伯彦的相位。不过，统领十万御营兵却不战而逃的御营司都统制王渊，不但没有受到惩处，反而还被提拔为签书枢密院事。

　　王渊十分向往杭州的繁华，多次劝说高宗迁往杭州。建炎二年，这位手握兵权的猛将曾在杭州镇压过一次军事政变。在此过程中，他肆意扩大查办的范围，杀了许多无辜之人，又以搜查"赃物"为名劫掠了许多富商大贾的财产。从扬州撤退之时，船只不够用，他却动用了100多条大船搬运自己和宦官康履等人的财物。抵达杭州之后，王渊又伙同康履等人强占民宅，强夺百姓的财物，终于招致文武百官和百姓的不满，人人欲得而诛之。

第九章　威震四方

何日请缨提锐旅，一鞭直渡清河洛。却归来，再续汉阳游，骑黄鹤。

——（宋）岳飞

（一）

宋高宗和王渊等人想在杭州享受荣华富贵，但大多数宋军将士都想打回江北，收复失地，和家人团聚。苗傅和刘正彦两位统制官和他们的士卒皆来自幽云、河北和河东一带。他们不忍心看着家乡父老惨遭金人的蹂躏，曾多次建议高宗皇帝收复河北之地，但高宗皇帝却置若罔闻。

建炎三年三月初五，忍无可忍的苗傅、刘正彦利用士卒对高宗的愤慨，发动了军事政变。他们杀死了王渊、康履和所有已到达杭州的官宦，逼迫高宗宣告退位，扶持赵构的幼子赵旉为帝，另请哲宗赵煦的废后孟氏垂帘听政。三月十一日，苗傅等人以新帝的名义宣布改元明受。

杭州的军事政变吸引了各地驻军的注意力。在张浚等人的组织下，韩世忠、刘光世等人纷纷组织勤王大军，开赴杭州。苗傅、刘正彦等人自知不能敌，逃出了杭州。

四月初一，韩世忠、刘光世等人又以孟太后的名义宣布赵构复皇帝之位，继续使用建炎年号。不久，苗傅、刘正彦也在逃亡过程中被韩世忠所部擒杀。

经历了扬州逃亡和苗刘之变的宋高宗吓得失魂落魄，自动去掉了皇帝的尊号，以康王的名义致书完颜粘罕，摇尾乞怜。但这一切只能让金军更加轻视宋廷，不断加强攻势。高宗无奈，只得于当年五月下令将江宁府改称建康府，并将行营从杭州移至建康，鼓励军民的抗战决心。

尽管高宗移驾建康只是做做样子，但还是极大地鼓舞了军民的斗志。金军攻下扬州后，屠杀了城中百姓，又携带着搜刮来的金银财宝逐步北撤。金军北撤有两个原因，一是宋军的抵抗加强了；二是天气逐渐热了起来，女真人不耐酷暑，无法继续作战。

金军北撤吓坏了东京留守杜充，他担心金军趁北撤之机攻打开封。建炎三年六月下旬，岳飞结束了追击张用、王善的战斗，回师开封。令岳飞没想到的是，等待他的竟然是撤往建康的命令。

岳飞大惊，按捺住一腔怒火，委婉地劝谏说：

"中原之地尺寸不可弃，况社稷、宗庙在京师，陵寝在河南，尤非他地可比。留守手握重兵，德高望重，如果连你都不守京师了，还有谁能担此重任呢？留守这一抬足，开封就不再归我大宋所有了。如果日后再想攻取此地，非捐数十万之众不能达到目的。请留守再考虑考虑，还是固守京师为好！"

然而，杜充心意已决，无论岳飞如何劝说，他都要开赴建康，还美其名曰地说是为了勤王。不久，他就率东京留守司主力部队南撤，并责成副留守郭仲荀留守开封。郭仲荀也不是傻子。他想：

"你杜充带走了主力部队，让我带着这些老弱残兵守城，不是把我往火坑里推吗？"

因此，杜充还没走多远，郭仲荀就如法炮制，命留守判官程昌寓接替防务，自己也逃往南方去了。而程昌寓也不愿留守，将守城责任推给部下后，自己也逃走了。

就这样，东京留守司的官员们一个接一个地逃跑了，开封几乎成了一座空城，陷落已成定局。

建炎四年（1130）初，开封沦陷，城中守军竟然不足万人。

岳飞人微言轻，无法说动杜充，只好领着本部人马跟随他开往建康。临行之前，岳飞命人潜入汤阴，去接母亲姚氏和两个孩子。士卒们历经千辛万苦，前后18次潜入汤阴，总算把姚氏、岳云和岳雷接到军中。

大概在此前后，岳飞娶了一位新妻，名叫李娃。据史书记载，李娃比岳飞大两岁，结婚时已近30岁了。按照宋时的风俗，女子15—20岁就要出嫁了。李娃快30岁才嫁给岳飞，大概不是初婚。

李娃孝顺姚氏，并将岳云和岳雷视为己出，是一位典型的贤妻良母。后来，她和岳飞育有两女三子，分别为长女岳安娘、次女岳银瓶、三子岳霖、四子岳震和五子岳霆。据说，李娃还很有胆识，经常协助岳飞做好随军亲属的安抚工作，深受将士们的赞誉。

（二）

建炎三年七月初，岳飞率领本部2000余人渡过长江，进驻建康。令岳飞大感意外的是，高宗听说杜充擅自离开开封，南下"勤王"，非但没有惩罚他，还两次给他加官进爵。不久，高宗又任命杜充为尚书右仆射（即右相）兼江淮宣抚使，全面负责江北的防务。

初秋，兵强马壮的金军又兵分数路，大举南侵。高宗闻讯大惊，立即改杭州为临安府，在张浚的护卫下南逃临安。此时，杜充军中除了有郭仲荀、岳飞等人的部队之外，又增加了刘光世、韩世忠、王𤫊等几支劲旅，总数不下10万人。

按理说，手握10万人马，再加上长江天险，要挡住金军的进攻并非难事。然而，无能的南宋朝廷和杜充却在此时犯了一个严重的战略失误。

李纲担任宰相时，曾建议建立一支强大的水军，扼守长江天险。

但李纲罢相之后,这个建议也就被束之高阁了。杜充也不重视水军建设,只是委派邵青、郭吉两人为水军统制,率领为数不多的水军布防在水面上。

此外,刘光世的部队布置在从太平(今安徽省当涂县)到江州一线;韩世忠的部队则布置在镇江一线。很明显,高宗和杜充做出这样的部署,主要目的是守护杭州。

就在杜充调兵遣将,准备迎敌之时,李成趁机率部从泗州攻打滁州(今安徽省滁州市)。一年前的夏季,金军北撤,李成攻占了泗州,接受南宋政府的招安,被封为泗州知州。但他是一个反复无常,且野心勃勃之人,一见有机可乘,便勾结金军,攻城略地,企图自立为王。

杜充闻讯大惊,立即派遣王𤫉率兵过江,到滁州去平定李成的叛乱。时任江淮宣抚司右军统制的岳飞奉命出征,策应王𤫉的行动。王𤫉信誓旦旦,大有必胜的决心。他率部抵达真州(治所在今江苏省仪征市)的长芦镇(今江苏省南京市东北),把运载辎重的船舶停在镇上,将所载钱绢等物堆贮在崇福禅院里边,誓师北伐。

然而,部队刚刚来到一个名叫瓦梁的地方,王𤫉就下令停止前进,伺机而动。李成闻讯,立即派500名轻骑直取长芦镇,夺取了王𤫉堆积在崇福禅院的辎重和镇上的数百名居民。

王𤫉闻讯大惊,但想要回救已经来不及了。幸运的是,岳飞的军队此时刚刚从宣化镇(今江苏省南京市东北)渡过长江,距离长芦镇较近。他立即命令部队轻装前进,前去堵截李成的匪军。

李成的骑兵劫掠长芦镇之后立即撤退,但岳飞早已在他们的必经之路上设下了埋伏。结果,李成的500名骑兵全军覆没,枭将冯进被俘。岳飞和李成首次交锋就大获全胜,揭开了他在江南抗金的序幕。

宋军虽然获得了局部胜利,但战局却对南宋越发不利。建炎三年十月,金军西路军在完颜拔离速(汉名敏定)、完颜挞懒(汉名毅英)、耶律马五等人的指挥下,由黄州(今湖北省黄冈市黄州区)渡江,进军江西、湖南和湖北三路,大肆劫掠。驻江州的刘光世军不敢接战，望风而逃，使这支偏师得以横行几千里。

与此同时，金军东路军在完颜兀术的指挥下迅速渡过黄河，取道滁州、和州，企图在太平的采石矶渡江。太平守将郭伟率领官兵奋力抵抗，大败金军。完颜兀术领军转往慈湖镇，又被驻守在那里的郭伟所部打败。

十一月，完颜兀术东趋建康府西南的马家渡，企图强行过江。宋朝水军统制邵青一边出动仅有的一艘战船，率18名水手进行拦击；一边遣使疾驰建康府，向杜充求援。

杜充闻讯大惊，立即召回王燮、岳飞等人，驰援马家渡。诸军统制、宿州安抚使陈淬率岳飞、刘立、刘纲等17名将领，统兵两万，直扑马家渡。随后，王燮又带着13000余人前往支援。

（三）

岳飞等人不敢怠慢，驱兵日夜兼程，直奔马家渡。然而，他们还是来晚了一步。等众人赶到江边之时，金军的先头部队已经渡过长江，严阵以待了。金军以逸待劳，先胜了一场。

岳飞等17名将领硬着头皮，领兵冲入敌阵。然而，羸弱的宋军根本不能同骁勇善战的金军骑兵相抗衡，不少部队还没有冲到阵前，就已经溃不成军。唯有宗泽的老部队继承了打硬仗的传统，与金军厮杀十余个回合，不分胜负。

岳飞统领右军对阵金国汉军万夫长王伯龙所部。王伯龙是沈州双城（今黑龙江省双城市）人，自幼臂力过人，无人能敌。辽朝末年，王伯龙聚众为盗，后来降金，领兵伐辽。辽国灭亡之后，他又被金国封为先锋官，跟随完颜斡离不等人南下侵宋。他每战必胜，每次攻城都是第一个登上城墙。金军下青州、泗州、徐州、和州等地，均属他的功劳最大。

岳飞和王伯龙交战，真可谓"棋逢对手，将遇良才"。两人在长江边上摆开阵势，大战十余个回合，始终不分胜负。双方的士卒越战越勇，直杀得天昏地暗。天色渐渐暗了下来，但交战双方均无退意。不过，由于敌众我寡，宋军已略显疲惫，渐渐支撑不住。

　　就在这关键时刻，王燮被金军的气势吓坏了，突然临阵逃跑。金军乘势掩杀过去，宋军大乱，再也撑不住了。陈淬死战不退，终因势单力孤而被金军俘虏，不久即被残害致死。岳飞等人且战且退，于当夜退至建康东北的钟山，进行修整。

　　大战之际，吓得闭门不出的杜充接到马家渡的败报，慌忙命人备船逃命。他刚下令打开建康城的各处水门，百姓们就驾着小船抢先出城。杜充派人命民船让路，大声喝道：

　　"杜相公出城去打金人的，你们快快让路！"

　　百姓们回答说：

　　"我等也要出城迎敌。"

　　杜充气得面红耳赤，只得返回宣抚司衙门。半夜里，他听到街上人声鼎沸，侧耳一听，原来是城里的百姓在骂他。百姓们对着守门的士卒大声喊道：

　　"杜相公枉斩了多少人？你们自己可能算清楚？现在金军攻城甚急，他却要弃城先走，哪有这样的道理！"

　　第二天，杜充率2000余名亲兵，携带全家老小和金银细软逃到江北的真州去了。完颜兀术派人前来劝降，并允诺封他为中原王。杜充大喜，立即无耻地投到了金国的怀抱。

　　主帅逃跑了，留守建康的10万人马立即陷入混乱之中。前军统制戚方索性领着几千人马逃往镇江一带，沦为游寇。逃跑像瘟疫一样蔓延开来，岳飞的部队也受到了影响。

　　岳飞无奈，只好联络流落到建康周边的溃军，且战且退，开到茅山（今江苏省句容县）。岳飞撤离建康之后，完颜兀术立即领兵包围了建康。代杜充守城的江东安抚使陈邦光被吓破了胆，立即开城投降。

完颜兀术得意洋洋地说：

"金陵（指建康）不烦吾等攻击，大事已成！"

占领建康之后，完颜兀术立即领兵沿溧水（今江苏省溧水县）、广德（今安徽省广德县）、安吉（今浙江省安吉县）、湖州（今浙江省湖州市）南下，直取杭州。自古以来，这里就是一条兵家必争的战略要道，但南宋朝廷却未派重兵把守。完颜兀术的10万大军一路南下，如入无人之境，进军十分顺利。

宋高宗早已在十月逃到越州（今浙江省绍兴市）避难，只留康允之等人守卫临安。康允之听说有兵来犯，不知来人是谁，急忙令部将前去打探。当一名宋将提着两颗血淋淋的人头丢到康允之的面前时，他发现人头都带着耳环，才大惊道：

"金兵来了！"

康允之也顾不上守卫临安了，立即带着人马逃走。爱国将领刘海、钱塘县令朱跸等人组织溃兵迎敌，最终战死在天竺山上。

在越州避难的宋高宗听说临安已经陷落，慌忙逃往明州（今浙江省宁波市），又从明州逃到海上。但金军仍然紧追不舍，直到昌国县（今浙江省定海县）的海面上，宋枢密院领海船公张公裕率部挡住了金兵，高宗才得以逃往温州。

（四）

完颜兀术只顾着追击宋高宗，丝毫没有在意后方的安全。这就给尚在敌后的岳飞创造了可乘之机。建炎三年末，岳飞命部将刘经率领一千人马，攻打溧阳，结果大获全胜，生擒了同知溧阳县事、渤海太师李撒八，斩首500余人。

随后，岳飞又亲率大军攻打广德，斩首1216人，活捉了金军汉将王权等24人、剃头签军首领48人。所谓的剃头签军，是指金国灭亡北宋之后组建起来的汉人部队，从将领到士卒全部由中原的汉人组成。

岳飞在敌后接连发起了6次大规模的进攻，每次均大获全胜，让金军闻风丧胆。再加上岳飞的部队纪律严明，很少骚扰百姓，深受百姓爱戴。大概在这个时候，岳飞得到了"岳爷爷"的美称，他的部队也得到了"岳家军"的响亮名号。

在艰苦的战斗中，时间转眼就到了建炎四年（1130）春。由于岳飞所部已经完全与南宋朝廷失去联系，且又处于敌后，后勤供应出现了严重的问题。士卒们又冷又饿，实在无法忍受了。不少人干脆违背军令，劫掠当地的百姓。

岳飞大怒，杀了几个带头抢劫的人。但他知道，杀人不是办法，眼下最重要的是解决补给问题。岳飞手下有一个名叫李寅的幕僚。此人虽然手无缚鸡之力，但却目光敏锐，颇有儒将之风。他建议岳飞移屯宜兴（今江苏省宜兴市）。

宜兴东临太湖，北通常州（今江苏省常州市），西面邻近建康府通往临安的官道，进可攻，退可守，的确是屯兵的好去处。更为重要的是，宜兴是著名的鱼米之乡，城中粮草充足，正好可以解决岳家军的补给问题。

岳飞接受了李寅的建议，立即遣使和宜兴知县钱谌联络。钱谌闻讯大喜，立即修书一封，邀请岳飞前往宜兴保境安民。他在信中说："宜兴存粮颇丰，足够万余人马食用10年。"

二月，岳飞统军进驻宜兴县，将兵营屯扎在县城西南的张褚镇。不过，宜兴也不平静。建康之败后，原江淮宣抚司水军统制郭吉沦为游寇，长期盘踞在宜兴。除此之外，马皋、林聚和张威武等人也各自统领一支人马，在宜兴附近打家劫舍。

在对待流寇的问题上，岳飞素来豁达，且很欣赏宗泽连结民间武装共同抗金的做法。因此在进驻宜兴之后，他马上遣使和郭吉、马皋、林聚等人联络，希望能收编他们的人马。

郭吉知道自己不是岳飞的对手，又不想投靠他，慌忙带着100多艘船,满载财物逃跑了。岳飞大惊,立即命王贵和傅庆带领2000余人追击。王贵和傅庆是岳飞属下最能干的部将,他们本是刘光世等人的部将,后来才转投岳飞。不过,他们对岳飞忠心耿耿,作战也十分勇敢。郭吉不是王贵等人对手,他们的数千人马和全部辎重尽数被俘。

马皋和林聚很佩服岳飞的为人,又见郭吉所部被击溃,也乖乖地归顺了,剩下的只有张威武了。此人拥众数千,占山为王,常常劫掠附近的居民,弄得百姓怨声载道。岳飞见他不愿归顺,立即带着数百精骑直奔张威武的山寨。

众人来到山下,岳飞令士卒们守住各处路口,他独自上山去了。张威武闻知岳飞带着几百人来攻打山寨,大笑道:

"这个岳飞也太猖狂了!凭他几百个人就想荡平我的山寨吗?"

张威武的话音还没落,岳飞就闯了进来。张威武见岳飞单骑来战,惊讶得合不拢嘴。他属下的士卒们也没想到岳飞会独自闯山,所以没有加强戒备。

岳飞纵马闯到张威武面前,只一刀便结果了他的性命。岳飞割掉张威武的头颅,提在手上,大声喝道:

"张威武已经伏诛,降者不杀!"

群龙无首的游寇们你看看我,我看看你,不知如何是好。就在这时,一名游寇大喊道:

"不好了,官兵已经守住了各处下山的出口,我们跑不掉了。"

岳飞坐在马上,大笑道:

"大丈夫生于乱世,不思杀敌报国,竟落草为寇,为祸一方,难道就不感到羞愧吗?如今金军正在荼毒我大宋百姓,尔等何不随我杀敌建功?"

众人闻言,纷纷跪地说道:

"我等愿誓死追随岳爷爷!"

岳飞大喜,立即收编了张威武的人马。至此,岳家军拥众万余人,兵强马壮,威震一方,令金军闻风丧胆。

岳飞曾驻防宜兴、泰州、江州、襄阳、鄂州等多地。每到一地，他做的第一件事就是和当地的百姓搞好关系。为此，他经常从当地的青壮年中挑选精锐之士，充当亲兵。

第十章　收复建康

兵安在？膏锋锷；民安在？填沟壑。叹江山如故，千村寥落。

——（宋）岳飞

（一）

由于岳飞收编了宜兴境内的游寇，当地的社会治安也逐渐好了起来。再加上岳飞的部队于民秋毫无犯，百姓的生活也日渐好转，甚至很多外地人也争先恐后地移居到宜兴县避难。当地百姓喜出望外，交相称誉。

有一次，岳飞外出巡视，几名老者突然闯到他的马前，磕起头来。岳飞慌忙下马，扶起几名老者，不解地问：

"老丈为何如此？"

为首的老人眼里噙着泪水，动情地说：

"自从岳爷爷来到宜兴之后，我们的生活就好了起来。父母生我也易，公之保我也难！"

岳飞进驻宜兴不久，当地百姓就按当时最隆重的礼节，出资为岳飞建造了生祠。知县钱湛在生祠叙中写到：

"察人之情，犹以未至，皆欲图像于家，与其稚老晨昏钦仰，如奉省定而后已。"

在岳飞进驻宜兴的前后，金军在明州遭遇了侵入江南之后的第一次惨败。时任浙东制置使的张俊率部和金军展开混战，斩首数千人。

与此同时，张公裕又在海上接连获胜，致使金人不敢从海路追击高宗皇帝。时任浙西制置使的韩世忠又在此时陈兵镇江，守住长江下游；关中一带的宋军守将也纷纷发起反攻。金军陷入战争的泥潭，不能自拔。

更为严重的是，金人久居北方，不适应江南的气候，士卒病倒者十有七八。眼看就要被宋军"关门打狗"的战术困在江南了，完颜兀术慌乱起来。建炎四年二月，他以"搜山检海已毕"为借口，匆匆北返。

建炎四年三月，完颜兀术的大军退到镇江府，打算从哪里渡江。韩世忠死死地守住各处渡口，和金军展开了厮杀。金军号称10万人，但却无法冲破韩世忠八千人马守住的渡口。金军和韩世忠厮杀数场，始终不能取胜，十分狼狈。

完颜兀术害怕了，派人和韩世忠谈判，希望他能放自己过江。韩世忠答应了，但却提出了一个完颜兀术无法做主的条件：放回徽、钦二帝，归还疆土。

完颜兀术无奈，只得领兵且战且退，往建康而去。此时的建康已经成为金军在江南仅有的立足点。完颜兀术不敢怠慢，只得令人在钟山、雨花台等地构筑营寨，或引河水围营，或在山上挖洞，以供避暑之用。

韩世忠紧紧咬住建康，令金军不敢轻举妄动。此时，从温州返回越州的高宗皇帝也调动张俊统领所有可以调动的兵力，向建康方向靠拢，企图全歼江南的金军。

张俊少年时曾充当弓手，后来投身军旅，多次参加北宋征讨西夏的战争，凭着一身超凡脱俗的武艺脱颖而出。高宗即位后不久就建立了御营司，张俊被任命为前军统制。苗傅、刘正彦发动兵变时，他和韩世忠、刘光世等人均受张浚节制，平定事变，被封为御前右军都统制，拜节度使。可以说，张俊的资格虽然很老，但却是一名新兴的军官。

张俊受命之后，一直逡巡不前，失去了全歼江南金军的大好时机。不过，坐守孤城的金军依然陷入了被动之中。

岳飞见收复建康的时机已经成熟，立即领兵经常州向建康府方向挺进。岳飞抵达常州时，完颜兀术的殿后部队还在猛攻常州城。岳飞率部迎敌，四战四捷，大败金军。金军慌忙向西撤退，岳飞紧追不舍，又在镇江东再次大败金军。

四月下旬，金军已经全部龟缩到建康府，但兵力依然十分强大。岳飞也在这时抵达了建康府境内。岳飞清醒地意识到，金军虽然屡战屡败，但在兵力上依然占据优势，而且这种情况在一定时间内还无法彻底改变。一则，宋军的精锐部队在阻止金军南侵的过程中损失太大，剩下的也大都位于临安府附近，抵达建康需要一个多月的时间；二则，宋军的防线太长，无法尽数集结到建康。

在这种情况下，想要围歼金军几乎是不可能的。最现实的做法是自南而北，驱逐金军过江，趁势收复建康。岳飞的这种战略安排无疑是正确的，无论可行性，还是操作性，都要比围歼金军现实。

（二）

确定了总体的战略方针之后，岳飞立即率部开往建康以南地区。建炎四年四月二十五日，岳家军来到清水亭附近，先头部队突然来报：

"启禀统制，清水亭发现大量金军。"

岳飞大笑道：

"我等建功立业的机会来了。尔等随我来，放开怀抱，大战一场。"

众人纵身上马，跟着岳飞冲了出去。金军还没来得及布阵，就被岳家军冲散了。金军士卒不敢接战，纷纷抱头鼠窜。岳飞驱兵掩杀，一直追了7500米才下令收兵。战后，战场上到处都是金兵的尸体，其中耳戴金银环的女真人有175人。此外，岳家军还活捉了女真、渤海、汉阳军45人，缴获铠甲、弓、箭、刀、旗等器械3700多件。

清水亭大战之后，岳飞所部已经推进到建康城南15千米处。那里有一座大山，上有双峰，东西对峙，故名牛头山。岳飞令部将屯兵山上，并在两座山峰上设置岗哨，严密监视着金军的动静。

金军接连惨败，士气低落，防备也很松懈。岳飞探知这些情况，心生一计，立即令人准备了100套金军的制服。当时正值下半月，晚上没有月亮，到处漆黑一片。岳飞令部将们各自挑选100名精锐骑兵，轮流打扮成金军，乘夜袭击敌营。

第一拨士卒出发前，岳飞嘱咐说：

"你们此去不必死战，只要在敌营中走一遭就行了。你们一边纵马向前，一边高喊'宋军来袭'，金军定会自相残杀。"

众人领命而去。

夜半时分，岳飞在山峰上看到金营方向亮起了火光，还隐隐传来阵阵喊杀声。岳飞大喜，知道他的计策已经凑效了。

原来，金军经受了接连的失败，已如惊弓之鸟，一听见风吹草动，便抡刀乱砍。他们听到有人喊"宋军来袭"，便急匆匆地冲出去，互相混战起来。等到众人杀累了，才发现根本没有宋军的影子，被砍死的都是自己人。

金军士卒十分懊恼，只好收拾同伴的尸首，又去睡觉了。睡梦中，他们又听到了"宋军来袭"的喊叫声，忙又爬起来杀了出去。杀了半天，他们发现，砍死又都是自己人。

金军这才发现上了宋军的当，不得不加强警戒，防止宋军混入营寨。岳飞又派士卒潜伏在金军大营周边，等金军"巡卒"过来时，一一加以擒获。

一连几夜，岳飞夜夜派人去袭击金营。金军被弄得筋疲力尽，却又不敢睡觉，个个叫苦连天。完颜兀术无奈，只得领兵退出建康，移驻到建康西北7500米的靖安镇。

撤离之前，金军在城中实施了惨绝人寰的大屠杀，一个原有17万居民的城市到最后只剩下一片废墟，幸存者不足十分之一。

贪婪的金军将搜刮来的金银财宝尽数装到船上，向靖安方向移动。由于负重太多，行军速度十分缓慢。岳飞亲率一支轻骑直奔靖安，拦击金军。与此同时，前建康通判钱需等人也趁机召集乡兵骚扰金军的侧翼，以配合岳家军的正面进攻。

在靖安一役中，岳家军杀敌数千，抓获俘虏300余人，其中大部分是剃头签军。岳飞对待河北、河东等地的金人签军一贯采取劝降的政策。这些人本来都是大宋的子民，大多都是被逼无奈才参加金军的。岳飞将他们视为自己的骨肉同胞，不歧视，不苟待，尽量做争取工作，不愿参加宋军的则一律放还。

签军们十分感动，很多人都留在岳飞的军中。岳飞就派他们为卧底，前去金营中策反签军，并伺机从金军内部发动攻击。

就这样，"岳爷爷"的美名在金军中传开了，成千上万的签军争先恐后地离开金营，参加到岳家军中来。

（三）

在岳飞凌厉的攻势下，完颜兀术终于撑不住了。五月十一日，金军匆匆撤离靖安，搬到了对岸的宣化镇。岳飞乘机驱兵掩杀，消灭了金军的殿后部队，缴获铠甲、兵器、旗帜、辎重、牛驴等等不计其数。

建康战役是岳飞第一次独立指挥部队和金军展开大规模的厮杀。整个战役历时半月有余，岳家军杀敌3000余人，俘敌数百，其中包括金军千户留哥。

建康的收复，使岳飞和岳家军名声大振。周边的百姓纷纷赶赴建康，慰劳士卒。远在越州的高宗皇帝听到岳飞收复了建康，心里也十分高兴。但他此时还不知道岳飞是谁，因为岳飞此时虽然统兵数万，但也不过是一个小小的武德大夫、英州刺史和御营使司统制。

据《宋史·岳飞列传》记载，岳飞追随刘浩时，曾见过时为河北兵马大元帅、康王的宋高宗。不过，高高在上的宋高宗肯定不会记得岳飞。但如今不一样了，尽管岳飞的职位依然不高，但他已经成了高宗最愿意接见的人之一。

五月下旬，岳飞率部押着数百名俘虏开赴越州，向朝廷献礼。途径溧阳县时，刘经的部将王贵突然来报：

"刘经企图谋杀统制一家老小，占领宜兴。"

原来，岳飞出征建康之时曾命刘经固守宜兴。刘经是岳飞最亲密的战友之一，但副将杀掉主将，并吞并部队的事情在当时时有发生。岳飞闻讯大惊，立即派部将姚政连夜奔回宜兴，相机行事。他自己则留在军队中，以防发生哗变。

三天后，姚政回到溧阳，向岳飞报告说：

"属下回到宜兴，诈称统制找刘经商议大事，将其骗入府内。刘经不虞有诈，匆匆赶来，被属下预先埋伏下的刀斧手所杀。"

岳飞一颗久悬的心终于放了下来。第二天，岳飞又领着部队继续行进。抵达越州后，岳飞见到的第一个人是奉命收复建康、但却一直未能抵达前线的张俊。

此时的张俊已经成为高宗面前的红人了，对朝中动态一清二楚。他向岳飞透露说：

"皇上担心金兵再次渡江，打算派你这位常胜将军镇守江南东路的饶州（今江西省鄱阳县），以防敌人骚扰江南东、西两路。"

很显然，高宗皇帝之所以做出这样的安排，主要是为了保护临安府的安全。岳飞当即提出了不同看法。他说：

"饶州乃是山泽之郡，车不得方轨，骑不得并行，金军怎么会攻击那里呢？现在的任务是守住江淮，何虑江东、西哉！假如淮河流域沦陷，淮河、长江两道天险就失去了意义。"

张俊很佩服岳飞的远见卓识，当即暗下决心，一定要将其收入己用。于是，他在高宗面前替岳飞说了不少好话。

几天后，高宗亲自召见岳飞，并审问了战俘，打听徽、钦二帝的消息。高宗虽然不是个好皇帝，但却是个很出色的演员。尽管他内心盼望着徽、钦二帝死在金国，但表面上仍然装出一副痛心疾首的样子，令群臣无不为之动容。

尽管岳飞在军事上极有主见，但在政治上却十分幼稚。他根本没有看出高宗皇帝是在演戏，竟然当面表示说：

"请陛下不必过于伤心。臣虽无能，但誓死抗击金军，迎回二圣。"

高宗表现得很高兴，还大大嘉奖了岳飞一番。随后，岳飞又向高宗陈述了自己的见解，请求领兵驻守江淮，防止金兵南侵。

高宗很欣赏岳飞的军事见解，并赏赐岳飞铁铠、金带、鞍、马、镀金枪、百花袍等物，以资嘉奖。但他并没有同意岳飞的请求，派他驻守江淮，而是令其配合张俊的大军，征讨盗匪戚方。

（四）

戚方率部离开建康之后，曾一度盘踞在镇江一带。后来，他又率部攻打宣州，转掠安吉，为祸甚重。宋高宗认为，金军初败，短时间内应该不会再犯江南，但戚方所部却在南宋的心腹地带活动，不能不除。

岳飞无奈，只得按照高宗的安排，先返回宜兴，然后领兵3000余人直下广德。广德城东南35千米处有一处山岭，名曰苦岭，处于广德通安吉的要道上，可以截断戚方所部进犯广德必经之路，又可进攻安吉。

戚方闻知官军守住了苦岭，立即拆断了一座官桥，截断官军进攻安吉的通道。岳飞闻讯大笑道：

"戚方这厮大概断粮了,不然不会自断官桥,阻我前进之路的。"

岳飞的判断没错。戚方所部脱离官府之后没多久,后勤补给就陷入困境。再加上他转战各地,不便运输辎重,后勤补给就越来越困难了。

几日之后,岳飞亲自领兵进攻安吉。来到断桥上,岳飞发现,戚方已在对岸布下营寨。岳飞大怒,立即拉满弓胡乱射了一箭。戚方的士卒拾得刻有"岳飞"字样的箭,慌忙向戚方汇报。

戚方曾与岳飞共事多时,深知岳飞的厉害。他捧着箭,一直喃喃道:

"这可如何是好,如何是好!"

当晚,戚方就下令部队悄悄撤往安吉城内。岳飞急忙令部将傅庆等人领兵追击。戚方惶恐不安,将各支人马集结一处,企图挡住后面的追兵,然后再从容撤往安吉。

岳飞闻知戚方的大军停下来后,亲统上千人前来与之对阵。两军立即陷入混战之中。双方从早上打到黄昏,战场上血流成河,尸横遍野,但仍没有分出胜负。突然,岳飞的坐骑嘶鸣一声,变得烦躁起来。

岳飞低头一看,只见马鞍上插着一支箭,险些穿透马鞍。岳飞大怒,拔箭插入矢箙,大声道:

"戚方老贼,岳某定要活捉了你!"

岳飞率部连夜追击,戚方奔逃不止。第二天上午,疲惫不堪的戚方突遇从南面发起进攻的张俊。戚方心灰意冷,乖乖地交出了6000兵马,再次归降朝廷。

岳飞纵马来到张俊的大帐,严词斥责戚方,并把射中自己马鞍的那支箭丢在戚方面前,厉声道:

"小子,你不把它折断,岳某就把你折断!"

戚方伏在地上,颤抖不已,只得依言捡起地上的箭,将其寸寸折断。岳飞和张俊大笑一场,方才罢休。

当时流落在江南和江淮的游寇除了戚方之外,还有李成、郭仲威、薛庆等人。他们本来都是宋军将领,只因为被金军所败,又和朝廷失去了联系，才沦为盗贼的。他们虽然各自为政，不大可能推翻南宋朝廷，但依然牵制了不少官军。如果一个个打下去的话，可能要打很多年，天下才能彻底平定。但金军不会给南宋朝廷这个时间，所以，宰相范宗尹就向高宗建议，不如招安盘踞在江淮之间的游寇，承认他们割据一方的事实，正式委派他们去做这些地区的军事首脑。

唐末以来形成的藩镇割据局面曾导致中华大地生灵涂炭，直到北宋初年，才彻底改变这种局面。高宗实在不愿将手中的权力交出去，但又无可奈何，只得在当年七月颁布诏令，把淮河流域划分为十几个军区，每个军区由南宋王朝委派镇抚使一人。郭仲威当了真、扬州镇抚使，兼扬州知州；薛庆当上了承州（今江苏省高邮市）、天长军镇抚使，兼承州知州；李成当上了舒州（今安徽省舒城县）镇抚使。

在诸多镇抚使中，还有一些民间抗金武装的首领，如河南府镇抚使翟兴，泗州、涟水军镇抚使、楚州（今江苏省淮安市）兼楚州知州赵立等。

建炎四年七月，朝廷升岳飞为武功大夫，任昌州防御使、通（今江苏省南通市）、泰州（今江苏省泰州市）镇抚使兼泰州知州。岳飞虽然连升三级，但对这项任命颇不满意。通州和泰州僻处江海一隅，并非战略要冲之地。这与他"乞益兵守淮"的心愿相差太远。更何况，镇抚使的任务主要是保护防区的安全，而不是领兵作战，收复故土。

第十一章　剿寇平叛

前仆后继，还我河山。

——（宋）岳飞

（一）

建炎四年九月，岳飞率部进驻泰州，正式走马上任了。岳飞的顶头上司是时任御前巡卫军都统制，兼任两浙路安抚使、知镇江府，开府仪同三司的刘光世。从镇江以下，全都属于刘光世的管辖范围。岳飞的通泰镇抚使也要听从刘光世的指挥。

岳飞到任之前，楚州战役便爆发了。原来，完颜兀术渡江之后打算沿京杭运河水陆并进，将抢劫来的财物运往北方。如此一来，金军就必须通过薛庆和赵立的辖区。薛庆和赵立骁勇善战，又十分痛恨金军，因此死死守住要冲之地，不准金军北上。

完颜兀术无奈，只好召见在淮南战场作战的金军左监军完颜挞懒（汉名昌）来六合会商对策。会商的结果是：两人决定合力攻打楚州，打通京杭运河。镇守真州、扬州的郭仲威第一个得到了这个消息，他立即约薛庆共同迎敌，支援赵立作战。

然而薛庆领兵至扬州后，郭仲威却临阵变卦，不肯出战了。薛庆奋力迎战，终因寡不敌众，兵败被俘。金军乘势攻占了扬州、承州两地，并将楚州团团围困起来，形势十分危急。不过，此时知枢密院事张浚已在关中集结了大量的部队，准备对金军西路军发动反攻。金太宗慌乱不已，急忙调完颜兀术领军西进，支援西路军作战。如此一来，淮南战场的金军只剩下完颜挞懒和龙虎大王完颜突合速两支部队。

这是一个歼灭金军的大好时机，但宋廷却没有把握时机。宋高宗如果在此时集中韩世忠、张俊、刘光世等人手中的兵力，和金军在淮东展开决战的话，金军必败无疑。然而，韩世忠、张俊、刘光世三人素来不睦，高宗生怕把他们聚在一处会生出事端，最后只派距离楚州最近的刘光世出兵解楚州之围。

然而，刘光世用兵素来求稳。每次作战，他本人都远离战场，只派偏裨出战。他的本部兵马有数万人，却以重兵屯守镇江府，只命部将王德和郦琼率部分兵力出战。王德畏惧金兵，不敢迎战，竟然带着部队躲到了天长。

此时，岳飞所部已经集结完毕。虽然他没有接到刘光世的命令，但依然率部日夜兼程，向承州方向开去。不几日，岳飞就来到了承州以东的三墩。不幸的是，王德已收兵返回镇江府，而郭仲威和接替薛庆的王林都"敛兵自保"，不肯出战，只有另外一位宋军将领李彦先率部死战。可惜的是，他的部队却被金军堵在淮河上，进退不得。

放眼望去，整个淮东战场上就只剩下岳家军能和金军周旋了。但岳家军的处境也十分不妙。自从建康战役以来，岳家军的补给一直跟不上，很多士卒在深秋时节还穿着夏装，粮草更是严重不足。

岳飞深知援楚之难，如果得不到刘光世的支援，楚州之战必败无疑。他接连给刘光世发出了两封公文，望其"钧慈捐一两千之众，假十余日之粮，令飞得激励士卒，径赴贼垒，解二州之围"。然而，他的两份公文抵达镇江后却如石沉大海，杳无音信。无奈之下，岳飞只能领兵孤军奋战。

岳家军和金军激战数场，杀敌数百，俘获了70多名俘虏。这在一定程度上激励了楚州士卒的抗金决心。但是，由于敌众我寡，楚州到底还是在九月下旬被攻破了。镇抚使赵立被敌人的炮石打碎头颅，抱憾而死。

楚州失守后，完颜挞懒又全力进攻李彦先所部。李彦先率部奋起反抗，但最后还是死在淮河之上。完颜挞懒又以重兵南下，准备猛扑驻扎在承州附近的岳家军。

（二）

就在岳飞准备整军迎战之时，突然从泰州方向传来消息说，游寇王昭和张荣正在骚扰泰州。岳飞大惊，一边派人前去泰州打探虚实，一边缓缓退军，防止金军追击。十月初，岳飞率部回到泰州，王昭、张荣等人望风而逃。

十月下旬，刘光世为了推脱责任，上奏反诬岳飞等人迁延50余日，又巧为辞说，抵拒会合指挥，终于招致楚州的陷落。签书枢密院事赵鼎接到刘光世的报告后，勃然大怒，主张查办刘光世。

但高宗不同意赵鼎的建议。他大笔一挥，在奏章上批复道：

"光世当此一面，委任非轻，若责之太峻，恐其心不安，难以立事。"

就这样，高宗非但没有责罚刘光世，反而颁布诏书，将其大大嘉奖了一番。刘光世得意洋洋，真的以为自己成了南宋朝廷的肱骨大臣。

岳飞回到泰州不久，金军就以20万之众对通泰地区发动了大规模的攻势。负责长江下游防务的刘光世曾对高宗夸口说：

"臣已经把沿江的诸处要隘严为防守，保证不会让敌人渡过大江。"

但是，当金军侵入通泰地区时，刘光世却开始装聋作哑，不闻不问了。此时，岳飞手中只有士卒万余人，战马千余匹，再加上泰州处于平原地区，无险可守，他根本无力阻挡金军的入侵。

承州和泰州之间唯一的屏障是鼍潭湖。被朝廷视为游寇的张荣就驻扎在湖上。张荣本是梁山泊渔民，北宋灭亡后，他聚众数百，起义抗金。因作战骁勇，人称他为"张敌万"。

建炎三年二月，扬州沦陷，张荣在梁山泊地区难以立足，遂率军乘船沿泗水下游的清河南下，驻泊于承州的鼍潭湖水域，以泥粘合茭草堆积成墙，筑成水寨，远近响应，众至万余，并与宋承州守将薛庆取得联系，声势日盛。张荣屡次向南侵金军挑战，诱敌深入，使敌人步骑都深陷在泥淖之中，死亡累累。

金军对张荣深恶痛绝，总想将其置于死地。楚州战役结束后，金军立即调动人马，准备趁天寒地冻之时攻击张荣的水军。

十一月初，鼍潭湖结冰，船只无法通行，金军从冰上对张荣发起突袭。张荣不能敌，乃焚其积聚，弃其茭城，率其舟船和水师转往兴化县（今江苏省兴化市）的缩头湖中去了。

如此一来，泰州就完全暴露在金军的兵锋之下了。岳飞大惊，决定放弃泰州，撤往泰兴县的柴墟镇。柴墟镇曾作为泰兴的县治，筑有城墙，尚可抵挡一段时日，为几十万百姓和军队家属渡江南撤争取时间。

十一月初三，岳飞命令部将逐批撤向柴墟镇，他自己则率部殿后。正在岳家军有序地撤往柴墟镇之时，金军大举来犯，岳飞立即率部迎敌。双方在南霸塘一带展开激战，直杀得天昏地暗，鬼哭神嚎。

激战中，岳飞身中两枪，血流如注，但仍然坚持指挥，终于打退了敌军。战场上堆满了尸体，脚下的泥土也已被血水染红。

岳飞料知江北已不可守，便命部队立即渡江南撤，他自己则率领200余名骑兵断后。金军在南霸塘遭遇了一次失败，数日不敢再战，为岳家军南撤创造了有利条件。

不过，岳飞的断后部队处境依然不容乐观。数日来，他们屡次遭到金军小股骑兵部队的袭击，弹尽粮绝，处境十分危险。直到十一月初七，岳飞才得以从柴墟镇渡江南撤，全身而退。

岳飞撤到江南做的第一件事就是向朝廷上表，负荆请罪。宋廷也谅解他的处境，没有给予处分，只是命令他在江阴军（今江苏省江阴市）"就粮"，防守江岸，"毋得透漏"金军。

放弃泰州南撤是岳家军遭到的一次惨败，但岳飞并没有因此而丧失斗志，他依然精神饱满地应对着每一场可能发生的战斗。

岳家军南撤之后，完颜挞懒从容指挥部队占领了泰州和通州两地。不过，第二年春天（绍兴元年，即1121年）冰融之际，张荣用计诱敌至缩头湖的泥淖中，斩敌4000余人，大败金军。金将完颜忒里被杀，完颜挞懒的女婿、万夫长浦察鹘拔鲁被俘，完颜挞懒领着2000名残兵仓惶逃往楚州。张荣乘胜克复泰州，淮东路其他大部分州县也都重归宋朝的怀抱。

缩头湖之战比岳飞建康之战打得更为出色，是南宋立国后空前的大捷。高宗闻讯大喜，立即遣使招安张荣，任命他忠勇军统制、兼泰州知州，归刘光世统领。缩头湖也因此次大胜而被改名为得胜湖。

（三）

在缩头湖战役前后，宋金对峙的局面也大体形成了。金国虽然占领黄河流域，但并未征服广大人民向往故国之心。自从太原之战以来，黄河两岸的汉族人民和其他少数民族也从未停止过反抗。陷入了泥淖之中的金国统治集团痛苦不堪，左右为难。如果放弃占领，之前的努力就全部白费；如果继续派兵镇压，又哪有那么多的兵力呢？

无奈之下，金国统治集团想出了一个折中方案，即在当地扶植傀儡政权。建炎四年九月，在金国的扶植下，南宋原河北提刑刘豫登上了伪齐的皇帝宝座，定都大名，不久又迁汴京（即开封）。伪齐政权完全是金国的傀儡，替金国管领山东、河南等地。

与此同时，完颜挞懒用重金收买了原北宋御史中丞秦桧，让他以"奸细"的身份返回江南，打入南宋最高统治集团之中。

秦桧是北宋江宁府（即建康）人，出身于一个汉族地主家庭，自幼聪明好学。他的父亲曾当过静江府古县（今广西省永福县）县令。在宋朝统治集团中，县令只是一个不入流的小官，秦桧也无法依靠父辈达到迅速飞黄腾达的目的。年轻时，他曾在乡村私塾任教，过着清苦生活。秦桧曾牢骚满腹地抱怨说：

"若得水田三百亩，这番不做猢狲王。"

此时的秦桧在政治上并没有诉求，只不过想摆脱私塾教师的身份，不再当"孩子王"就可以了。但自从中了进士后，他的野心开始迅速膨胀起来。他在朝中蝇营狗苟，终于在北宋末年爬上了御史中丞的位子。

当然，秦桧也并非一无是处。他能得到徽、钦二帝的宠信，还是有些本事的。他的书法在两宋时期独树一帜，还创造了宋体字和仿宋体字。在金军初犯北宋时，秦桧也是主战派的一员，多次上书反对割地求和。

徽、钦二帝被俘后，秦桧的态度发生了微妙的变化。女真贵族要立张邦昌为傀儡皇帝，时任御史中丞的秦桧不发一言。御史马伸等人上书反对立张邦昌，要求秦桧也签名。秦桧起初不同意，但数十名官员先后签名，马伸"固请"，秦桧无奈，只得签名。

因为秦桧在上书者中的官位较高，引起了女真贵族的注意。靖康二年四月，金人北返之时，秦桧和他的妻子王氏等人也被掳走。秦桧经受不住俘虏营中清苦的生活，便以厚礼贿赂完颜粘罕。不久，他就被金太宗完颜吴乞买安置到其弟完颜挞懒的军中任职。秦桧感恩戴德，立即成了女真贵族忠实的走狗。

建炎四年，完颜挞懒攻破楚州，金兵纷纷入城。秦桧等在金军的安排下登船而去，行到附近的涟水（今江苏省涟水县）时，被南宋水寨统领丁祀的巡逻兵抓住。巡逻兵要杀秦桧，秦桧连忙大呼道：

"我是御史中丞秦桧，这里的秀才应该知道我的姓名。"

恰巧，旁边有一个卖酒的王秀才。巡逻兵把王秀才找来，问他：

"此人自称是御史中丞秦桧，你认识他吗？"

在漫长的封建社会里，通讯落后，普通百姓和士卒都不可能认识朝中高官，就是身为秀才的读书人也不一定认识。不过，读书人因为要参加科举考试，可能会知道朝中高官的名字。王秀才不认识秦桧，但听过他的名字。他一听面前的这名中年男子自称是御史中丞，心下大喜：

"这岂不是上天赐给我晋身的大好机会吗？如果此人真是御史中丞，我救了他，他将来免不了要感谢我；如果不是，我也没什么损失。"

想到这里，王秀才向秦桧深深鞠了一躬，恭敬地说道：

"中丞劳苦，回来不容易啊！"

巡逻兵认为，王秀才是读书人，他既然认识秦桧，定然错不了。于是，他们对秦桧以礼相待，还派人将秦桧一行送到临安。

秦桧抵达临安后，坚持说自己是杀了监视他们的金兵夺船逃跑的。满朝文武大臣纷纷提出质疑，只有他的密友、宰相范宗尹等人竭力在高宗面前为其说好话。昏庸的高宗不辨真假，竟然深信不疑，将秦桧留在身边，任为礼部尚书。不久，秦桧又爬上了宰相之位。

秦桧送给高宗的第一份"见面礼"，就是提出了"南人归南，北人归北"的战略。早在建炎三年，金国就曾提出"北人归北"的口号。这一次，他们又借秦桧之口再次喊出了这一口号。

这实际是变相承认金国占据中原的合法性。南宋的军队和将领大多都由西北、河北和山东等地的人组成的。如果按照秦桧所说的"北人归北"的话，南宋的军队会瞬间土崩瓦解。此外，大批流落江南的北方百姓也要回到故乡去接受金人的统治。

而"南人归南"只不过是一句空话，因为其最终决定权在金国人手中，而不是南宋王朝能左右的。

秦桧送给高宗的第二份"见面礼"，就是完颜挞懒的"求和书"。高宗本来就不愿意和金人打仗，只想着苟安一方，享受荣华富贵。就算在宋金大战最为激烈时，高宗也没有放弃求和的努力。

因此，宋高宗在得到秦桧后，竟然高兴得连觉都睡不着了，连声赞道：

"又得一佳士也！"

就这样，臭味相投的宋高宗和秦桧一拍即合，很快就勾结在一起，干起了卖国求和的勾当。

第十二章 "精忠岳飞"

归来报明主，恢复旧神州。

——（宋）岳飞

（一）

在秦桧的劝说下，高宗逐渐放松了对金国的戒备。再加上宋军打了几次大胜仗，他觉得守住长江以南的版图应该没问题。至于长江以北，就送给金国好了。恰在此时，金国也将所有的精力都放在关中战场上，长江沿岸暂时得到安宁。

宋高宗一得到喘息的机会，立即将目光转移到内安上来，因为此时让统治集团头疼不已游寇问题已经越来越严重了。江西、湖南、湖北一带，游寇横行，南宋政权在当地设置的地方政府完全成了摆设。当时，江西、两湖地区为患最严重的游寇有李成、张用、曹成等人。本来，他们都已接受了朝廷的招安，充任镇抚使。但他们已经散漫惯了，忍受不了朝廷的种种清规戒律，不久又沦落为寇。

在众人之中，尤以李成为祸最重。他自称"李天王"，拥众数十万，控制着江淮十余州。他曾率兵围攻江州长达三个月，朝廷派出几名大将皆不能解围，举国为之震动。

无论从稳固南宋政权考虑，还是从抗金大局着想，消灭游寇都势在必行。于是，高宗诏命江南路招讨使张俊为江淮路招讨使，令其率军征讨李成、张用、曹成等。张俊素来是个吃软怕硬的主儿，不敢接受任命。

高宗大怒，要砍张俊的项上人头。张俊吓得魂不附体，只好硬着头皮答应了。他自知不是李成、张用等人的对手，心情十分沉重。突然，他想到岳飞曾经多次打败李成和张用，便向高宗提出，希望能将岳飞所部划归他指挥。

绍兴元年正月初十，高宗诏命岳飞归张俊节制，征伐李成。自从泰州败退后，岳飞一直耿耿于怀，想找机会报仇。如今，高宗不让他去打金军，却让其跟随张俊去征讨游寇，这让他的心里充满了委屈，但又不能不听从调遣。

张俊率部抵达洪洲（今江西省南昌市）之后，立即命副都统领马进连营于赣江西岸的西山，防备李成来袭。李成屡次下战书挑战，张俊避敌不出，整整一月余久。二月底，岳飞率部抵达洪州，形势为之一变。

岳飞对张俊说：

"张成势大，且又屡屡得胜，如果不给他一个下马威，长期在此对峙，对我军极其不利。"

张俊回答说：

"岳大人所言极是，怎奈没人敢去迎敌。"

岳飞忙朗声道：

"末将不才，愿为先锋。"

张俊大喜，问道：

"岳大人可有破敌之计？"

岳飞用手在地形图上划了一道长线，缓缓说道：

"不若从洪洲赣江上游绕到敌后，攻其不备，定能大获全胜。"

张俊大喜，立即命岳飞为先锋，率部攻打李成。

三月初七，岳飞集结部队，身披铠甲，带头越马泅渡，渡过赣江。

一行人星夜兼程，很快就绕到了李成所部的后方。岳飞察看了敌情，决定先攻打敌人防守较为薄弱的右翼。

右翼的领军将领是马进。等马进发现官军来袭之时，岳家军的骑兵已经突入了他的步兵方阵。马进大惊，不敢抵抗，匆匆向筠州（今江西省高安市）方向逃去。

岳飞奋力向前，挥军掩杀。不料，岳飞和几十名骑兵突过一座小土桥之后，土桥突然坍塌。后续部队过不了河，在河对面急得团团转。马进见状，立即回师攻打岳飞。

岳飞不慌不忙，一箭射死敌方的先锋将，指挥几十名骑士奋勇死战。双方在岸边从午时杀到黄昏，直杀得天昏地暗。这时，土桥已经修复，岳家军悉数渡过小河。马进再也支撑不住，慌忙向北逃去。

马进窜逃后，岳飞看看天色已晚，便令众人就地扎营，防止敌人来袭。而后，他又挑选了数百精骑，轻装向朱家山方向奔去。岳飞料定，马进北逃必经马家山，因此打算在那里设伏。

马进与岳家军混战了一天，人困马乏，速度很慢。而岳飞所部刚刚获得胜利，士气高涨，拼命策马向前，自然而然地赶到了马进的前头。等到马进奔到朱家山时，岳飞突然领兵杀出。马进大惊，他无论如何也想不明白，刚刚还在自己后头的岳飞是怎么跑到前面去的。马家山一役，马进几乎全军覆没，只带着十几名骑兵逃走了，余部全部被俘。

（二）

马进逃到筠州，稍事休息，又立即奔赴江州，向李成哭诉。李成大怒，留下马进驻守江州，亲自率部发起反攻。他了解了岳飞打败马进的过程后，大怒道：

"难道只有你们官军才会设伏吗？"

99

怒气冲冲的李成命部将商元悄悄潜到洪州附近的草山上，依险设伏。但他没想到，张俊早已掌握了商元的动态。等商元埋伏完毕，张俊派大军悄悄从小路冲上山顶，突然杀出，商元被杀得措手不及，慌忙撤退。

在草山一役中，李成的主力部队被彻底消灭，此后也再没能力发起反攻了。张俊也因这一战而获得了"张铁山"的美誉。

李成逃到武宁县，恰逢修水干流暴涨，无法渡河。就在这时，岳家军突然杀到，李成率部四散逃窜，再也不敢在江南停留。不久，他就北渡长江，投奔伪齐皇帝刘豫去了。

李成兵败逃亡之后，张俊又将矛头指向张用。当时，张用所部刚刚由鄂州（今湖北省武汉市）转移到瑞昌（今江西省瑞昌市）和分宁（今江西省修水县）一带。张俊把岳飞叫到大帐，诚恳地说：

"我军新胜，兵威正盛，可趁机前去收服张用。我遍观群将，先锋仍然非岳公莫属！"

岳飞谦虚道：

"大人谬赞，岳某不敢当。"

张俊当即增拨给岳飞3000名步兵，令其择日出征。张用曾在建康的南薰门和铁路步两次败在岳飞的手下。

岳飞并没有直接率部攻打张用，而是派人给张用送去一封信。岳飞在信中说：

"我和你是同乡，有一句话不能不告诉你。南薰门、铁路步之战，你都是知道的。如今，岳某奉命将兵拿你。如果你想出战，就尽管放马过来；如果不愿出战，就请速速投降。投降的话，接受朝廷的招安，你我脸上都有光；否则的话，或身死军中，或被押解至朝廷，即使后悔也来不及了！"

张用素服岳飞的骁勇和威望，不敢与之交战。他当即遣使和岳飞联络，同意接受朝廷的招安。从六月开始，一直到八月，张用所部万余人和4万多家属，全部接受了张俊的收编。

岳飞兵不血刃地解除了张用的武装，张俊大喜，对众人说：

"岳公有勇有谋，我们都比不上他！"

张俊上奏朝廷，极力夸赞岳飞的智谋和胆量，并以其为首功。高宗大喜，于当年七月下诏擢升岳飞为神武副军都统制，率部驻守洪州。岳飞在洪州待了近一年的时间，直到被调往潭州（今湖南省长沙市）。

绍兴二年（1132）正月末，岳飞又被任命为潭州知州兼湖东路安抚使、都总官。二月，宋廷又起用李纲为荆湖、广南路宣抚使，负责剿除湖东的土匪。于是，岳飞又成了李纲手下的一名猛将。

当时，湖东一带势力最大的游寇是曹成所部。当岳飞抵达潭州时，曹成手中的兵力已经发展到了3万多人，连同家属在内近10万。不过，在岳飞的穷追猛打之下，曹成所部兵败如山倒，很快就失去了招架之功。

就在这时，韩世忠率部从福建、岭南一路打到湖南，兵威大振。曹成走投无路，不得不接受了韩世忠的招安。曹成兵败投降之后，湖东路境内的其他游寇相继解散了。

岳家军转战湖南、岭南等地，往返追奔数千里，击溃了兵力上占绝对优势的曹成军，令满朝文武大为吃惊。新到任的湖广宣抚使李纲称赞岳飞说：

"治军严肃，能立奇功，近来之所少得。"

岳飞也因此得到了高宗的重用，被提拔为武安军承宣使，率部屯戍长江中游重镇江州，成了一名大战略防区的主将。当时，与岳飞职位大体相当的都是一些老将，如刘光世、韩世忠、张俊等，像岳飞这样刚满30岁就成为大战略防区主将的绝无仅有。

（三）

绍兴三年（1133）春，岳飞奉命前往江西镇压虔（今江西省赣县)、吉(今江西省吉安县)的盗寇。南宋初年,战乱频仍,金军、游寇和宋军在各地交替进行焚烧、屠杀和劫掠,致使本是鱼米之乡的江南"极目灰烬,所至破残,十室九空"。宋廷为了维护自身的统治和巨大的军费开支,又加重了江南各地百姓的租税负担,贪官污吏和土豪劣绅等也乘机敲诈勒索。

据史书记载,在江南东、西路和荆湖南、北路一带,原本征税米一石,之后又增加耗米四石。原来输纳粳米,却折变为糯米,价格提高一倍;又将糯米折变为钱币,"倍困人户"。各种名目加税的结果,致使"税米一斛,有输及五六斛;税钱一千,有输及七八千者"。

在沉重的压迫下,官逼民反的情况时有发生。曾任南宋宰相的朱胜非就在上书中对高宗说:

"土寇皆因朝廷号令无定,横敛不一,名色既多,贫民不能生,以至为寇!"

就岳家军驻守的江南西路而言,情况也大致相类。当时,吉州和虔州所辖的面积约占全路11个州军的一半,"地形险阻,山林深密",又处在与荆湖南路、广南东路、福建路的交界,官府统治薄弱,再加上民风彪悍。自北宋以来,两地的盗贼十分猖獗,屡禁不止。

绍兴初年,虔、吉两地的盗寇已经发展到了相当可观的规模。吉州的彭友、李满、尹花八、宁十二等十人拥兵数万,自封为王,号称"十大王"。虔州的盗寇较多,多达400余支,人数在20万左右,其中以陈颙、罗闲十、钟超、吕添、王彦、蓝细禾、谢敌、钟大牙、刘八大五、卢高、罗诚、谢宝、谢达等人的实力最强。

虔、吉两州的盗寇经常东向攻扰江南东路和福建路,南下劫掠广南东路,"纵横往来者数年"。南宋朝廷深以为虑,多次派兵征剿都未能成功。岳飞驻守江州之后,江南西路安抚大使李回、荆湖南路宣谕薛徽言、江南东西路宣谕刘大中、广南东西路宣谕明橐、梧州知州文彦明等人,一致请求高宗命岳飞率部征剿虔、吉两地之寇。他们的理由是，"岳飞所部最为整肃，所过不扰""可除群盗"。

为此，高宗特下亲笔手诏，命岳飞"疾速统率精锐人马前去，务要招捕静尽，无使滋蔓"，并令颁赐钱帛，江南西路、荆湖南路和广南东路的转运使等必须保证岳家军的钱粮供应。

绍兴三年四月初，岳飞率部出征吉州，先后击败了彭友、李满等人。随后，岳飞兵分数路，进攻虔州境内的盗寇。由于虔州之贼势力比较分散，又都是些没受过正规训练的农民，战斗力很差。岳家军几乎没费什么力气，就取得了全胜。

高宗又传令岳飞，立即杀掉所有俘虏。岳飞大惊，立即上书为俘虏求情。在交战过程中，岳飞已经意识到，所谓的"盗寇"其实都是一些过不下去的贫苦百姓。农民出身的岳飞看着他们，不由想起了自己年轻时的经历。

最后，高宗又传下诏命，命岳飞自行裁决。后来，岳飞只处死了一小批为首者，勇壮者被分隶各军，老弱者则被放归田里。由于军纪严明，再加上岳飞对俘虏宽大处理，岳家军和岳飞在当地深得民心。许多百姓家里都在中堂上挂起岳飞的画像，每逢初一十五，便焚香礼拜，奉若神明。

值得一提的是，岳飞撤军后不久，当地又出现了数十股所谓的"盗寇"。这并不是岳飞征剿不利，而是因为滋生民变的土壤没有根除。这个土壤就是封建统治者的横征暴敛和贪官污吏的无情压迫。

绍兴三年夏季，岳飞因军功卓著，被高宗皇帝召入临安瞻仰"天颜"，沐浴"圣恩"。岳飞大喜，立即带着15岁的长子岳云赶赴临安。九月十三日，高宗召见了岳飞父子。

高宗令审官宣诏，升岳飞为中卫大夫（位居宋朝武官第九阶）、镇南军承宣使、江西沿江制置使。他还亲笔书写"精忠岳飞"四字，绣成一面战旗，命岳飞在用兵行师时作为大纛。

此外，他又颁赐岳飞和岳云衣甲、金带、战袍、弓箭、刀枪、战马等物各若干，赏白银2000两，犒赏将士。

103

在军务之暇，岳飞时常"峨冠褒衣"，打扮成一个儒生，和文人们谈古论今。时间一长，他就成了南宋初年"独以垂意文艺称"的统帅，不但写得一手好字，诗文也颇有可圈可点之处。

第十三章　拜节度使

十年之功，毁于一旦！所得州郡，一朝全休！

——（宋）岳飞

（一）

在南宋朝廷全力剿灭各地游寇的同时，宋金战场也没有停息过。绍兴四年（1134）春，宋高宗派老将韩世忠统兵10万，镇守建康、镇江，防止金军从东线渡江。同年冬，川陕宣抚处置使司都统制吴玠在关中大败完颜兀术，取得了仙人关大捷。

在此后的数年之内，东线和西线暂时平息下来，金军未敢轻举妄动。不甘心失败的金军遂将全部精力都投入到了中线——南宋长江中游的防区。

早在绍兴三年冬季，完颜兀术便纠合伪齐将领李成所部，在开封西北的羊驰岗同宋军展开了会战。宋军守将李横、牛皋等人力战不敌，仓惶撤退。完颜兀术乘机指挥部队攻占了郑州（今河南省郑州市）、邓州（今河南省邓县）、随州（今湖北省随州市）、襄阳、郢州（今湖北省钟祥市）等战略要地。

襄阳、随州和郢州的失守，使金军和伪齐军像一把巨大的尖刀一样，直指长江中游的战略要地荆州和鄂州。伪齐皇帝刘豫得意洋洋，准备在绍兴四年初夏大举南下。李成还特意遣使前往洞庭湖一带，联络当地的游寇杨幺，企图南北夹击，先占荆湖一带，然后顺江东下，消灭南宋。

高宗闻讯大惊，立即召集群臣商议对策。有人建议让岳飞率领岳家军进驻鄂州，担任中线战场的主将。高宗担心岳飞资历太浅，无法服众，没有同意这一方案。结果，高宗派神武前军统制王燮领兵驻守鄂州，严密注视杨幺和李成的动向。

驻守江州的岳飞也没闲着。他仔细研究了长江中游防线的敌我形势，提出了一套先发制人的作战方案。岳飞在方案中指出，当前唯有先破李成，收复襄阳等地，才能粉碎伪齐南北夹击的计划。

高宗就岳飞提出的作战方案和群臣进行了磋商，大部分人都认为岳飞的方案值得一试。绍兴四年五月，高宗终于下定决心，派岳飞为主将，收复襄阳等地；刘光世率部支援岳飞的行动；神武前军统制王燮负责牵制杨幺的匪军。

就这样，岳飞被任命为镇南军承宣使、江南西路舒（即舒州）蕲（即蕲州，今湖北省蕲春县）制置使，兼黄（即黄州）复州（今湖北省仙桃市）汉阳军德安府（今湖北省安陆市）制置使，率军渡江北伐。

从朝廷给岳飞的这一系列任命可以看出，岳飞当时的战区范围已经很大了，几乎覆盖了整个长江中游地区。不过，他的权力却受到了限制。

在出师之前，中书省、门下省、尚书省和枢密院联合下文，规定岳飞此次出征不得超出襄阳六州的军界，不得称提兵北伐或言收复汴京等多条限制。从这些限制可以看出，高宗的真正心思并不在收复故土上。他只想偏安江南，保住皇位就可以了。

岳飞虽然对朝廷提出的种种限制心有不满，但能够渡江北上，已经让他很开心了。无论如何，这都是宋军恢复中原的第一步。

五月初，岳飞率部渡过滚滚长江。在船上，斗志昂扬的岳飞对部下们说：

"岳某不擒贼帅，不复旧境，誓不过此江！"

郢州为伪齐最南端的要塞。刘豫很重视州城的防守，任命曾在北宋皇宫里当过班直，号称"万人敌"的荆超为知州。荆超领兵万余人，又在城外挖了很深的护城河，自以为固若金汤，坚不可摧。

这天，探子向荆超报告说：

"宋将岳飞领兵来攻！"

荆超大笑道：

"不妨事。我郢州城固若金汤，任他百万军来，都叫他无功而返。"

荆超高兴得太早了。五月初五，岳家军抵达郢州城下。岳飞亲自骑马环城一周，侦察敌军情形。

次日，岳飞指挥部队发起总攻。士卒们个个争先恐后，踏肩登城，很快就攻入了郢州城内。荆超大惊失色，率领几百名骑兵夺路而逃。郢州一战，岳家军大获全胜，杀敌7000余人，城中尸横遍地，血流成河。

（二）

郢州既下，岳飞决定乘胜攻打随州和襄阳。他兵分两路，令张宪和徐庆领一支兵马去攻打东北方向的随州，自己则亲率主力往西北方向猛扑襄阳。襄阳是伪齐南犯的大本营，兵精粮足，由李成亲自驻守。

李成闻知岳飞亲自领兵来攻襄阳，立即集结部队，准备迎敌。然而，当岳家军兵临城下时，曾多次败在岳飞手下的李成顿时慌乱起来，竟然不战而退。五月十七日，岳飞兵不血刃地进入了襄阳城。

第二天，张宪、徐庆的大军攻下随州，斩首5000余人，俘虏了伪齐的知州王嵩。在随州一战中，岳飞16岁的长子岳云一马当先，手持两杆数十斤重的铁锥枪，第一个登上了城墙。

几天前还得意洋洋的刘豫闻知襄阳和随州尽失，急得团团转，不知如何是好。金军闻听此事，立即派兵支援伪齐军作战。刘豫这才稍稍镇定了一些。他把国中大部分兵力都集结在新野（今河南省新野县）、枣阳（今湖北省枣阳市）、唐州（今河南省唐河县）、邓州一线，防止岳家军继续北上。

李成得到增援后，士气大振，立即从新野回军反扑。当时，李成的大军有十余万人，号称30万。岳飞手中能够调动，且能征惯战的部队不过万余人，其他部队要么负有守城之责，要么就是毫无战斗力的地方部队。

不过，岳飞并未被李成的气势吓倒。他立即命统制王万和荆南府镇抚使司统制辛太屯率部清水河，诱敌深入，然后一举将其消灭。辛太没打过什么仗，也不属于岳家军的编制，不肯为岳飞卖命，竟然私自逃往宜都（今湖北省宜都市）去了。

六月初五，李成率部攻打王万所部。王万按照岳飞的命令，且战且退，逐渐将李成引到岳飞的伏击圈中。岳飞乘势驱兵掩杀，杀敌数千，大败敌军。

第二天，李成在清水河附近摆开阵势，要与岳飞展开决战。王贵和刚刚被编入岳家军不久的牛皋等人纷纷请战。岳飞察看了李成的军阵，笑着对王贵等人说：

"不要着急。李成多次败在我的手下，我原以为他总会吸取一些教训，没想到他还是和过去一样愚蠢。步兵应该布置在有险阻的地方，骑兵应该布置在开阔地带。但李成却把骑兵摆在江岸的狭窄地带，把步兵摆在开阔地带。这样的军队即使有数十万之众，又有什么用处呢？"

说着，岳飞举鞭指着李成的骑兵部队对王贵说：

"尔等率长枪步卒，从骑兵的右翼发动攻击。"

王贵领命，立即挑选数千精兵，各执长枪，向李成的骑兵部队发起了猛烈的攻势。

岳飞又指着李成的步兵方阵对牛皋说：

"你领数千骑兵从左翼攻打敌人的步卒。"

牛皋领命，率数千精骑像风一样冲入敌人步兵方阵。伪齐军经受不住王贵和牛皋两员虎将的猛攻，立时溃散。李成的骑兵乱作一团，自相践踏，落水而死者不计其数。他的步兵方阵被牛皋的骑兵一冲，也乱作一团。李成见大势已去，慌忙鸣金收兵，向北逃窜。岳飞驱兵掩杀，追击10多千米。

李成经历此次大败后，再也不敢窥伺襄阳府了。败报传到开封，刘豫忧心如焚，急忙向金国求援。当时，完颜兀术刚刚经历仙人关大败，元气大伤，无力再战；其他部将也都在阴山一带避暑，不敢轻易南犯。于是，金国便派了一个名不见经传的二等战将，领兵数万，前来支援伪齐军作战。

（三）

金国派来的将领在史书上没有留下姓名，时人称之为刘合孛堇。刘合孛堇会合李成，拼凑了陕西和河北各地的金军、伪齐军，兵力万人，驻扎在邓州西北一线。

远在临安的宋高宗闻知此讯，大惊失色，立即召集群臣商议对策。一部分大臣主张乘胜攻取邓州；另外一部分则主张固守业已收复的疆土，和金军、伪齐军长期对峙。两派大臣争论不休，弄得高宗无所适从。

最后，宋高宗给岳飞下了一道命令：

"审料敌情，唐、邓、信阳决可攻取，即行进兵；如未可攻，先次措置襄阳、随、郢如何防守，务在持重，终保成功。"

宋高宗的"务在持重"表明，他无意收复唐、邓等州。幸运的是，高宗这一保守的命令并未对岳飞的军事行动产生多大的影响。接到命令后，岳飞在一个月之内都没什么行动。金军和伪齐军都认为，高宗的命令起作用了。实际上，岳飞正在暗中筹集粮草，训练兵马，准备一举收复邓州。

七月中旬，岳飞派遣王贵和张宪分别率军自光化军（今湖北省老河口市古城水库淹没区）和横林（今湖北省襄阳市东北）向邓州疾进。七月十五日，王贵和张宪两军在邓州城外与数万金军和伪齐军遭遇，双方立即陷入混战。

金国派来的刘合孛堇是个二流将领，不懂指挥，又不敢死战，只身逃窜，剩下李成指挥着一帮战斗力奇差的伪齐军在抵抗。一战下来，金军、伪齐军死伤无数，无力再战，只得退入邓州城内。

七月十七日，岳家军对邓州发动总攻。将士们不顾骤雨般的矢石，攀附城垣，实行强攻。岳飞之子岳云再次一马当先，率先登上城墙。邓州城破，伪齐守将高仲被俘。

值得一提的是，为了让其他部将得到升迁机会，岳飞并没有将岳云之功上报朝廷。直到一年之后，朝廷闻知岳云多次立功，才将其升为武翼郎。

邓州之战大获全胜，使得攻占唐州和信阳军（今河南省信阳市）变得容易多了。七月下旬，岳飞命选锋军统制李道攻打唐州，王贵和张宪在唐州以北牵制金军和伪齐军的援兵。与此同时，荆湖北路安抚使司统制崔邦弼等人奉命攻打信阳军。七月二十三日，唐州和信阳军皆下，宋军俘虏伪齐知州、知军、通判等官员50余名。

七月二十六日，刘光世的部将郦琼率5000名援军姗姗来迟，抵达襄阳。岳飞的兵力得到了加强，立即上书宋高宗，希望乘胜攻入中原，恢复故国疆土。高宗大惊，担心此举会引起金国报复，慌忙下令岳飞班师回朝。

岳飞的第一次北伐就这样结束了。岳飞留下少量兵力戍守襄阳等地，并安排了地方官吏治理地方，准备返回驻地。回师途中，岳飞上奏辞制置使，说自己"人微望轻，难任斯职"，请求宋廷另外"委任重臣，经画荆、襄"。

签书枢密院事赵鼎说：

"湖北鄂、岳（今湖南省岳阳市）最为沿江上流控扼要害之所，乞令飞鄂、岳州屯驻。不惟淮西藉其声援，可保无虞，而湖南、二广、江、浙亦获安妥。"

宋高宗认为赵鼎说得有理，便没有同意岳飞的请求，并颁布诏令，使岳飞改驻鄂州。鄂州是荆湖北路的首府，雄踞长江中游，有数万户居民，十分繁华。荆湖北路和襄阳府路战区西邻川、陕，东接两淮，南面

110

屏障长江中游，北临东京开封和西京河南府，自然而然地成为南宋北伐的主战场。

绍兴四年八月，宋高宗颁布诏命，将岳飞由正四品的正任镇南军承宣使超升为从二品的清远军节度使，实职改为荆湖北路、襄、潭州制置使，依前神武后军统制。这一串职务看着有点眼晕。"湖北路、荆、襄、潭州制置使"，用今天的话来说就是军区司令，管辖范围大致相当于今天的湖北省及湖南省北部。"依前神武后军统制"，就是依然担任神武后军统制。

值得注意的是，神武军其他几名主将，如韩世忠、刘光世、张俊等，都是都统制，只有岳飞是统制。因为他的资历尚浅，无法和韩世忠等老将平起平坐。

至于清远军节度使，其实就是个虚职，但十分显赫。宋承唐制，将一些要冲大郡作为节度使的"节镇"。但节度使只是武将及宗室、勋戚、某些文臣的虚衔，一般"不必赴镇"。节镇和武将的军事辖区也无需一致。清远军设在广南西路的融州（今广西融水县），而岳飞本人从未去过此地。

不过，朝廷要授予节度使一套很威风的"旌节"，包括龙、虎红绢门旗各一面，画白虎的红绢旌一面，用一束红丝作旄的节一杆，麾枪两支，用赤黄色麻布做的豹尾两支。全套旌节共5类8件，都用黑漆木杠，加以种种装饰，制作精美。旌节自宋廷发出后，沿途所至，宁可"撤关坏屋，无倒节礼，以示不屈"。

岳飞拜清远军节度使时，南宋一共只有4名节度使，分别为刘光世、韩世忠、张俊和吴玠。吴玠是因仙人关大捷而拜节度使的，刘光世、韩世忠、张俊等则是因为资格老、面子大而拜节度使的。岳飞是第二位因为战功而拜节度使的武将，但他却是所有节度使中最年轻的一位，时年只有32岁。

南宋初年，许多大将都妻妾满堂，过着声色犬马的生活，但岳飞却始终同夫人相伴相随，相敬如宾。有一次，吴玠送给岳飞一位年轻美貌的女子为妾。岳飞立即将其送了回去，并对吴玠说："国耻家仇未报，我怎么有心思寻欢作乐呢？"

第十四章　智取杨么

直捣黄龙府，与诸君痛饮耳。

——（宋）岳飞

（一）

绍兴四年九月，金军和伪齐军合力南侵。金军以四太子完颜兀术为统帅，伪齐军则以刘豫的儿子刘麟为统帅。他们本打算从顺昌（即颍州，今安徽省阜阳市）趋庐州（今安徽省合肥市），犯历阳（今安徽省和县历阳镇），然后由采石矶渡江南下。然而，李成在襄、邓地区的失败仍令伪齐军胆战心寒，他们担心岳飞所部会从突然从荆湖北路杀出，攻其侧翼，便改变了进军路线。

完颜兀术和刘麟最后决定，由汴河直趋泗州，并从泗州渡淮，然后以盱眙（今江苏省盱眙县）为大本营，分兵攻打滁州、和州和扬州等地。最后，兵分两路，西路军从采石矶渡江攻建康，东路军从瓜州（今江苏省扬州市邗江区瓜洲镇）渡江攻京口（今江苏省镇江市京口区）。留驻盱眙的部队则东下海州（今江苏省连云港市）和楚州掠取粮草。

单纯从军事角度讲，金军和伪齐军这一计划十分完美，简直无懈可击。在南犯初期，这一计划进行得也十分顺利。九月初，金军和伪齐军分别抵达泗州，合兵一处。而后，骑兵从泗州进攻滁州；步兵从楚州进攻承州，向扬州逼近。只在几天之内，敌、伪的骑兵和步兵便一齐渡过了淮水。

金军南犯的消息传到临安，满朝文武无不震动。大臣们又迅速分化为两派，一派主张南逃，一派主张领兵迎敌，并让高宗皇帝御驾亲征。宋高宗不愿和金国开战，但前提是金国也不能南侵。更何况，他对前一次逃亡记忆犹新，其中的千辛万苦真是一言难尽。无奈之下，高宗只好采纳了后一种主张，立即调兵遣将，准备迎敌。

高宗命张俊镇守建康，韩世忠领兵进攻扬州，刘光世扼守太平，由张浚总制各路军马。从高宗的军事部署来看，他的目的依然是固守江南。至于扬州等江北的城市，金军如果愿意占领，就让他们占领好了。

幸运的是，此时朝中还有一个张浚能说得上话。他建议调动岳家军赶赴淮西，牵制敌人向淮东发动的进攻。高宗同意了张浚的建议，立即遣使令岳飞整装待发。

十月，淮东战场打成了一锅粥。韩世忠所部接连大败金军和伪齐军。庐州守将仇悆也在寿春（今安徽省寿县）重挫金军。不过，由于高宗的消极防御战略，战线依然不断南移。

战事发展到十一月初，战局已趋向稳定，战场基本固定在了长江一线。直到此时，高宗才亲临平江府（今江苏省苏州市），激励士气。

为守住长江，高宗又把各路军队重新调度一番：令刘光世移军建康，韩世忠移军镇江，张俊移军常州。如此一来，长江沿线的防御便空前牢固起来。金军久攻不下，遂将目光转向淮西，企图取道庐江，然后再取和州，从采石矶渡江。

庐州守将仇悆慌忙指挥部队前去阻击敌军，不料数千宋军陷入了金军的埋伏圈内，致使全军覆没。金军、伪齐军如入无人之境，加速向庐江方向挺进。

正在东进途中的岳飞闻讯大惊，立即命徐庆和牛皋二将率轻骑增援庐州。徐庆、牛皋率部日夜兼程，终于在十二月十八日抵达庐州。而此时，金军也已兵临城下了。

徐庆、牛皋立即率数百轻骑到城外迎敌。进犯庐州之敌约5000人，而徐庆、牛皋所部只有数百人，岳飞统领的大军还有好几天才能赶到。如果硬拼的话，宋军肯定不是金军的对手。不过，徐庆和牛皋都是岳飞部下赫赫有名的战将，足以令金军闻名丧胆。

牛皋一马当先，来到阵前，对敌人高喊道：

"牛皋在此，你们何得前来进犯！"

说着，牛皋把标有自己姓名、职务的大纛高高升起，率部冲了过去。金军素知牛皋的威名，又见他只带着几百人冲杀过来，便疑心前后左右必有伏兵，不敢接战，慌忙后撤。牛皋、徐庆挥兵掩杀，追击15千米，杀敌数百。

庐州大战之后，江淮一带普降雨雪，运河冰封，给交战双方带来了很大的困难。金军、伪齐军屡遭挫折，士卒皆疲惫不堪。再加上运粮的通道京杭运河结了冰，粮草供应不足，完颜兀术和刘麟不得不结束此次南侵，下令北归。

（二）

金军和伪齐军北撤之后，宋金战场暂时平静下来，宋高宗又将目光转到内安上。荆湖北路的鼎州（今湖南省常德市）有个地方叫天子冈，此地生活着一个名叫钟相的巫师。钟相自称有通天之能，能救人疾患，"若受其法，则必田蚕兴旺，生理丰富，应有病患，不药自安"。宋徽宗在位时，钟相大约认为自己生活在天子冈，应该应天承运，乃自称"天大圣"，利用民间结社的方式，秘密从事反宋之业。

北宋末年，金军南侵，钟相的长子钟子昂组织民兵北上勤王。当众人来到建康（时称应天）时，宋高宗已经即位为帝，钟子昂的勤王队伍被遣散回乡。钟子昂回到鼎州后，非但没有遣散民兵，反而继续招兵买马，准备发动武装起义。

建炎四年二月，盗匪孔彦舟所部杀到鼎州北面的澧州（今湖南省澧县）。孔彦舟原是一个地痞流氓，因为和赵姓宗室女子通奸被人告发而发动叛乱。钟相趁孔彦舟侵扰鼎州，地方官四散逃命之机，竖起了反宋的大旗。

钟相自称楚王，改元天载。由于钟相在当地根基深厚，他的队伍很快就发展到数万余人。鼎州的武陵（今湖南省常德市武陵区）、桃源（今湖南省桃源县）、龙阳（今湖南省汉寿县）、沅江（今湖南省沅江市）四县，澧州全境的澧阳（即澧州州治）、石门（今湖南省石门县）、安乡（今湖南省安乡县）、慈利（今湖省南慈利县）四县，荆南府八县中的枝江（今湖北省枝江市）、松滋（今湖北省松滋县北）、石首（今湖北省石首市）、公安（今湖北省公安县）四县和峡州（今湖北省宜昌市）的宜都县，岳州的华容县（今湖南省华容县）、辰州（治所在今湖南省沅陵县）的沅陵县，潭州十二县中的益阳（今湖南省益阳市）、宁乡（今湖南省宁乡县）、湘阴（今湖南省湘阴县）、安化（今湖南省安化县）四县均在钟家父子的控制之下。

钟相的农民起义军具有很强的邪教性质。每占领一地，他都要杀死当地的官吏、文士、僧道、巫医和卜祝等五类人，谓之"行法"。除此之外，有病不准吃药，丧者不准埋葬，一切都以"拜爷为事"。这个"爷"就是钟相。

钟相攻城略地，孔彦舟也不甘落后，两股势力产生了摩擦，互相攻伐。不久，诡计多端的孔彦舟设计攻破了钟相的大寨。钟相、钟子昂等人皆被处死。孔彦舟乘势占领鼎州、潭州等地，烧杀抢掠之后，便北上投降伪齐皇帝刘豫去了。

钟相死后，其余部继续在洞庭湖滨一带活动，其中影响力较大的就是杨幺。杨幺原名太，因其在农民军领袖中年龄最小，被唤为"幺郎"或"杨幺"。这是西南一带的习俗，"幺"即"小"的意思。

杨幺占据龙阳，联络钟相的旧部，拥立钟相之子钟子义为"太子"，继续领兵造反。起初，南宋朝廷并没有将杨幺放在眼里，因为当时荆湖路为祸最重的是李成、张用、曹成等人。后来，李成、张用、曹成等或败或降，杨幺的队伍却愈益壮大，终于引起了高宗的警惕。

绍兴三年六月，宋廷任命王燮为荆南府、潭、鼎、澧、岳、鄂等州制置使，统一指挥各支人马，共计5万余人，围剿杨幺叛军。没想到，王燮拥数万之众，围剿了一年多，非但未能撼动杨幺的根基，反而把自己弄得灰头土脸。

绍兴四年八月，岳飞收复襄阳等地，被升为荆湖北路、襄、潭州制置使，全权负责讨捕杨幺军事宜。岳飞也为此进行了一些筹划和准备，但因金军、伪齐军南侵，此事被耽搁了下来。

绍兴五年（1135）二月，宋高宗再次召见岳飞，封其为武昌郡开国侯，迁官荆湖南北、襄阳府路制置使，神武后军都统制。从这个官职即可看出，镇压杨幺起义军的重任落在了岳飞肩上。

（三）

绍兴五年三月，岳飞发兵前往潭州。右相、兼知枢密院事张浚也以都督诸路军马的身份来到潭州。由文臣节制武将是宋朝一个颇为特别的传统，其目的是为了防止武将拥兵自重。尽管岳飞对南宋朝廷忠心耿耿，但宋高宗依然按照惯例，派张浚来监视他。

南宋各路大军大都是由北方人组成的，不习水战，岳家军也不例外。而杨幺的农民军从小长于水边，在水上神出鬼没，极其厉害。曾经与杨幺对阵的官军将领面对这支神出鬼没的水军，全都束手无策。

农民军的势力范围不大，兵力却不小，约有五六万人。他们对付官军的策略是"陆耕水战"。所谓的"陆耕水战"，就是依仗重湖之险，在春夏水涨之际耕种田地，因为不习水战的官军此时不敢出战；秋冬水落，官军发动攻势，农民军则收藏粮食，然后出战。"官军陆袭则入湖，水攻则登岸"。王燮正是吃了"陆耕水战"的亏，被弄得筋疲力尽而未获尺寸之功。

岳飞并没有被眼前的困难所吓倒。在取得张浚的同意之后，岳飞改变了王燮等人使用的战略，决定以政治诱降的手段来招安杨幺。在离开临安府时，他就向宋廷申请到了"金字牌、旗、榜十副，充招安使用"。高宗还应岳飞的请求下诏：杨幺等"如率众出首"，可以授予荆湖南、北路的知州。

岳飞未至潭州，他的使者就持檄前往杨幺的水寨，进行招降。杨幺等人不予理睬，但其下属还是有不少人开始偷偷与岳飞接触。经过一段时间的努力，起义军中最骁悍的将领杨钦、全琮、刘诜等人先后投靠了岳飞。农民军内部出现裂隙，势力也遭到了严重的削弱。

转眼间，炎热的夏季来临了。这年夏天，荆湖路遭遇了百年罕见的干旱天气，数月未见一滴降水，洞庭湖水位下降了许多。但杨幺却未意识到这些变化，依然按照往年的经验，以"陆耕水战"的方式对付官军。

盛夏时节，高宗又诏令张浚返回临安商议秋防事宜（金军每每在秋季发动攻势）。张浚觉得农民军依险固守，难以获胜，便让岳飞先行罢兵，待到秋冬季节再做打算。

岳飞取出一张地形图，摊到张浚的面前，说道：

"末将已有破敌之计了，请相国稍等几日，岳某定在8天之内擒获杨幺。"

张浚半信半疑，但他知道岳飞的能耐，因此还是留在了潭州。

第二天，岳飞召集诸将，令众人率部前往各处闸口，开闸放水。众将领命而去，掘开了洞庭湖通往各条河流的通道。由于天气干旱，河道几近干涸，闸口一开，湖水便顺着河流流走了。两天之后，洞庭湖水位就下降了几近三分之一。岳飞又令诸将率部用小船载着青草抛洒到湖面上，制造障碍。

一切准备工作就绪之后，岳家军开始出动了。杨幺没想到官军会在盛夏时节发动进攻，慌忙联络各水寨，准备迎敌。这时，士卒们向杨幺报告说：

"官军此次进攻十分诡异，他们所乘坐的全部是小船。"

杨幺大笑道：

"那我就放心了！我们马上出动大船，把官军的小船全部撞沉，让他们葬身鱼腹。"

随后，杨幺领军来到洞庭湖。这时他才发现，水位下降严重，而且水面上到处都是腐木烂草，大船根本无法通行。然而，官军的小船却往来如飞。

杨幺大惊失色，急忙下令退兵，但已经来不及了。岳飞指挥牛皋、傅选等将领乘机急攻，驾驶着小船将农民军的战船团团围困起来。农民军无奈，只好放下小船，四散逃命。由于大船携带的小船数量有限，大部分农民军都被俘了。

逃走的农民军也被官军在各个港口拦住了。原来，岳飞早在那里布置了巨筏，并在巨筏上张挂牛皮，遮挡矢石。官军们按照岳飞的命令，用巨木撞击农民军的小船。一番激战下来，农民军死伤惨重，落水者不计其数。

杨幺眼看插着"精忠岳飞"旗帜的战船渐渐靠近，不敢再战，慌忙跳入水中。几名眼疾手快的官军"嗖"地抛下几支钩子，把杨幺拉到了船上。牛皋纵身上前，一把将其按住，押到了岳飞的面前。

岳飞看着眼前被俘的杨幺，劝慰道：

"你还是速速投降吧，岳某可以保你不死。"

杨幺怒骂道：

"你这朝廷的走狗，杨幺绝不和你同流合污！既然被俘，要杀要剐，悉听尊便！"

岳飞见杨幺是条硬汉，心中顿生怜悯之情。但他既然不愿投降，岳飞就索性下令将其斩首，成全了他的名节。

杨幺死后，农民军也放弃抵抗，全部缴械投降。岳飞本着宽大为怀的思想，只处死了几名冥顽不灵者。年轻力壮者大部被编入了岳家军的战斗序列，老弱者一律被遣送回乡，从事生产。

第十五章　北伐中原

怒发冲冠，凭栏处，潇潇雨歇。抬望眼，仰天长啸，壮怀激烈。

——（宋）岳飞

（一）

岳飞收编了杨幺的农民军，兵力从3万余人迅速扩充到7万有余。宋高宗闻知岳飞剿灭了杨幺的农民军，心下大喜，又将江南西路安抚司统制祁超、统领高道等部，荆湖南路安抚司统制任士安、郝晸、王俊、统领焦元等部拨归岳家军的建制。如此一来，岳飞手中的兵力就达到了10万以上。

与刘光世、韩世忠、张俊、吴玠等人的部队相比，岳家军在南宋的军中不但人数最多，战斗力也是最强的，成为名副其实的抗金主力。

绍兴五年岁末，宋廷下令将神武军改称行营护军。张俊军称行营中护军，韩世忠军称行营前护军，岳飞军称行营后护军，刘光世军称行营左护军，吴玠军称行营右护军。此后，岳家军的正式番号就固定下来了。不过，这一番号只有在朝廷公文中才会出现，百姓仍然习惯以"岳家军"来称呼岳飞的部队。

岳飞自湖湘返回鄂州后，宋廷遂命他兼任淮南西路蕲州和黄州制置使，另加检校少保的虚衔，以为平杨幺的赏功。十二月，宋廷又改命岳飞为荆湖北路、襄阳府路招讨使。招讨使是大战区的长官，位在宣抚使之下，制置使之上。从表面上看，岳飞的职务升高了，但管辖范围却缩小了，原本归他管辖的荆湖南路被划归枢密院直接统领。

　　南宋朝廷之所以做出这样的安排，主要有两方面的原因。第一，荆湖南路已无战事，没必要再设战区指挥官；第二，主战派的右相兼知枢密院事张浚希望减轻岳飞的负担，让其将全部精力用到北伐上。岳飞的职务从制置使转升招讨使，就很能说明问题。制置使的主要职责是保护战区的安全，带有防御性质；而招讨使的职责则是收复失地，其主要任务是进攻，进攻，再进攻！

　　宋高宗在嘉奖岳飞平定杨幺农民军的诏书中，有这样一句话：

　　"腹心之患既除，进取之图可议。"

　　这正是岳飞多年来梦寐以求的事情。所以，他得到了招讨使的职务后心下大喜，立即整军备战。

　　岳飞一边训练部队，令部属们制定北伐的计划，一边派人联络河朔（泛指黄河以北地区）地区的民间抗金武装。岳飞一直十分重视在敌后进行抗金斗争的民间武装。早在几年之前，他就制定了"连结河朔之谋"。可惜的是，这一计划一直未能付诸实施。

　　太原沦陷后，梁兴、赵云、李进等人便在太原和绛州（今山西省新绛县）组织"忠义民兵"，抗击金军。忠义民兵曾一度攻克河北路的怀州和河东路的泽州（今山西省泽州县）、隆德府、平阳府（今山西省临汾市）等地。后来，梁兴等人想要率部渡过黄河，投奔南宋，伪齐皇帝刘豫急忙调集部队发动阻击。

　　梁兴等人无奈，只好返回太行山，组织"忠义保社"，四处游击。有时候，他们还会引军东下，攻打磁州、相州一带的金军。几年来，梁兴等人同金军交战数百场，战功卓著，光斩杀的敌军将领就达300余人。

　　绍兴五年年底，岳飞派遣部将边俊、李喜等人渡过黄河，和梁兴等人取得了联系。当年冬季，河朔地区打成了一锅粥。梁兴、张横等人领导的民间抗金武装四处出击，搅得金军鸡犬不宁。金国宪州（今山西省娄烦县）和岚州（今山西省岚县北）的同知州、岢岚军（今山西省岢岚县）的军事判官均被忠义民兵所俘。

金军慌忙派耶律马五等将领率部攻打梁兴。梁兴率部奋起抵抗，大败敌军，杀掉耶律马五和金军万夫长耿光禄。而后，梁兴率百余名精锐骑兵强行渡过黄河，取道襄阳府，抵达鄂州，投奔了岳飞。

岳飞立即表奏朝廷，为梁兴请官。高宗同意了岳飞的请求，批复"优转官资，以劝来者"。就这样，梁兴留在了岳家军中。在梁兴的辅助下，岳飞连结河朔的工作进行得更加顺利了，北方人民的抗金斗争也迎来了一个新的高潮。

（二）

绍兴六年（1136）正月，张浚离开临安府，到各地去视察军情。岳飞、韩世忠、刘光世和张俊等人均被召到镇江府的都督行府，商议军事。由于意见不统一，这次会商未能确定北伐的战略方针。

随后，岳飞取道常州、平江，抵达临安，觐见宋高宗。他向朝廷建议，应恢复襄阳府路京西南路的旧称，"以称朝廷正名责实，不忘中原之意"。此时的宋高宗正想着为求和积攒一些筹码，遂批准了岳飞的建议。

三月，宋廷发表韩世忠为京东、淮东路宣抚处置使；岳飞为荆湖北路、京西南路宣抚副使，并且移镇为武胜、定国军节度使。武胜军为邓州的节镇名，定国军为同州（今陕西省大荔县）的节镇名。由于岳飞官位尚低，暂时还无法和韩世忠平起平坐，高宗就给了他一个宣抚副使的职务。不过，两人的职权是一样的，在岳飞的宣抚副使之上不设宣抚使。也就是说，岳飞是以副使的名义行正使的实职差遣。

值得注意的是，当时的京东路和京西路均在伪齐军和金军的控制之下。朝廷在这种背景下，任命岳飞为京西路宣抚副使，就等于向伪齐和金国宣布：南宋要大举北伐，收复失地了。

不幸的是，岳飞返回鄂州后，事情突然出现了变故。这一年三月二十六日，岳飞之母姚氏病逝了。按照当时的习俗，岳飞必须"丁忧"三年，不能处置公事。不过，如果遇到特殊情况，他也可居官守丧，称为"起复"。

岳飞是至孝之人，他将母亲厚葬在庐山，并打算在东林寺中为母守孝三年。高宗闻讯大惊，立即遣使前往东林寺，要岳飞"起复"。岳飞坚持要"终制"，高宗则坚持"起复"，拖延了数月，没有结果。

此时，驻守两淮的韩世忠所部已经开始行动，为岳飞筹办北伐钱粮的江西制置大使李纲也开始将给养发往鄂州。伪齐将领王威又乘机攻陷唐州，直接威胁着襄阳、随州等地的安全。无奈之下，岳飞只能拖着消瘦疲乏的身体重返鄂州，点兵前往襄阳。

绍兴六年七月，岳家军开始了第二次北伐。往年，初秋时节都是金军发动攻击，宋军防御的时候。这次岳飞打破了这一惯例，在初秋时节北伐，以便出奇制胜，使敌人措手不及。

由于战前准备充分，伪齐军又毫无防备，岳家军的数路大军势如破竹。左军统制牛皋率部攻打镇汝军（今地不详），俘虏了伪齐知镇汝军的骁将薛亨。王贵、董先等人率部攻打伪齐统治的卢氏县（今河南省卢氏县）。

牛皋、王贵取得大捷，岳飞又以卢氏县为基地，分兵西去攻取商州（今陕西省商洛市），东取伊阳县（今河南省嵩县）。驻扎在卢氏县的统制官王贵还委派第四副将杨再兴等统率军马前去收复永宁县（今河南省洛宁县）。

到八月，各地的战事已基本平息，战线也逐渐稳定下来。宋军距西京洛阳城已近在咫尺。在不到一个月的短短时间内，岳家军势如破竹，从长江边一直打到黄河南岸。这除了岳飞的智勇双全，岳家军的英勇善战外，还有一个非常重要的原因，就是他们的军事行动得到了河朔百姓的热情支援。在岳家军行军过程中，北方人民非常热情地为军队提供各种敌军情报、运输工具，主动地充当向导，送粮送水，搬被运草，帮助军队抵御金军，情景非常感人。

当宋高宗接到岳飞的捷报时，简直觉得有些不可思议，甚至认为岳飞是虚报军功，还让赵鼎、张浚等人写信询问岳飞的部下，以探明虚实。不久，张浚和赵鼎便回复高宗说：

"岳飞所奏确属事实！"

高宗大喜，立即下诏表彰岳飞，还要给他在临安建造一座豪宅。岳飞接受了高宗的表彰，但却拒绝接受豪宅。他引用了汉朝将领霍去病的名言回复了高宗皇帝：

"北房未灭，臣何以为家？"

岳飞此言一出，满朝文武无不为之动容，甚至连昏聩的宋高宗也感动不已。

（三）

绍兴六年八月，岳家军已经逼近西京洛阳，形势对宋军十分有利。岳飞心中悄悄酝酿着一个大胆的军事计划，准备以岳家军为主力，直捣开封，韩世忠、刘光世、张俊、吴玠等人则从东西两翼出兵配合，一举歼灭伪齐军和金军，收复黄河中下游地区的失地。

这就相当于岳家军在伪齐政权的心腹地带插了一把刀子，刘豫慌忙遣使向金国求救。然而，这次能不能搬来救兵，刘豫心中也没底。

南宋绍兴五年、金天会十三年，金太宗完颜吴乞买病逝，金太祖完颜阿骨打的嫡长孙完颜合剌（汉名亶）继位为帝，是为金熙宗（1119—1150年，1135—1150年在位）。

皇权的更迭导致金国内部发生内讧。主战派完颜粘罕在内讧中失势，主和派完颜挞懒一伙得到了金熙宗的信任。这主要是由当时的形势所导致的。从绍兴四年开始，南宋的军事实力迅速得到加强，岳飞、吴玠、韩世忠等爱国将领不但挡住了金军的南侵，还扫平了境内的叛乱势力，为南宋经济、文化的发展奠定了稳固的基础。相比而言，金国屡次南侵，却徒劳无功，再加上皇权更迭，出现内讧，宋金的实力对比发生了微妙的变化。金国万户都统韩常曾说：

"今昔事异，昔我强彼弱，今我弱彼强，所幸者，南人未知此国事耳！"

正是在这种背景下，金国大臣们在对待南宋的态度上也发生了分歧。与南宋的情况一样，大臣们也分成两派，主战派以完颜粘罕为首，主和派以完颜挞懒为首。结果，主战派所提出的方略因为不符合形势的发展，在内讧中败下阵来。

刘豫是完颜粘罕扶植起来的。如今完颜粘罕失势，这个金国的儿皇帝自然也就没人疼了。完颜蒲鲁虎（汉名宗磐）对金熙宗说：

"先帝（指金太宗）之所以封刘豫为儿皇帝，立齐国，是想借刘豫扩疆界、保边境，使我打进得以休养。如今，刘豫进不能攻，退不能守，兵连祸结，使我大金屡受羞辱。如果答应刘豫的请求，打了胜仗，我们又能得到什么呢？如果打败了，受损的自然是我们。"

金熙宗沉思了一会儿，点头说道：

"爱卿所言极是。"

于是，金国决定不派兵救援伪齐军，只令完颜兀术提兵黎阳（即浚州，今河南省浚县），伺机而动。如果伪齐败于南宋，则按兵不动；如果南宋败于伪齐，则趁机攻打南宋。

这本来是南宋朝廷大举北伐的大好时机，但宋高宗却认为，与金国和谈的春天来临了，苟安江南的时机也已成熟。于是，在金熙宗继位的第二个月，即绍兴五年二月，宋高宗便起用了与完颜挞懒有特殊关系的秦桧，任命其为资政殿学士。

绍兴元年八月，秦桧曾爬上相位，但他只在相位上待了6个月就被罢免了。这主要是因为完颜粘罕把持着金国的军政大权，秦桧卖国求和的政策未能实现，而张浚、韩世忠、刘光世和岳飞等人又极力反对求和。高宗无奈之下，不得不罢免秦桧的相位。如今，秦桧又爬上资政殿学士的高位，这表明高宗又要实施他的"和谈之策"了。

不过，伪齐皇帝刘豫不知道宋高宗的心思。为保住儿皇帝的宝座，他不得不孤注一掷，对抗节节胜利的宋军。绍兴六年九月，刘豫集结了倾国之兵，共得30余万，分兵三路，刘麟由寿春进攻合肥（即庐州），刘猊由紫金山出涡口（涡水入淮之地，在今安徽省定远县北）定远（今安徽省定远县），孔彦舟由光州（今河南省潢川县）出六安（今安徽省六安市）。

伪齐军进攻的地区恰好是张俊和刘光世两人负责防守的区域。刘光世和张俊是诸将中最不愿意打仗的，其军也是南宋军队中战斗力最差的部队。两人闻知伪齐军大举来犯，惊慌失措。刘光世打算放弃庐州，张俊则准备丢掉盱眙。他们不断谎报军情，为自己逃跑制造舆论。

满朝文武议论纷纷，退保长江的舆论逐渐占了上风。宰相赵鼎主张让张俊和刘光世两人在淮南抵挡一阵，然后撤防长江。高宗同意了这一方案，但他担心张俊和刘光世无法守住长江下游，遂命岳飞率部沿江东下。

与此同时，宋高宗又亲写手札询问在平江都督府督军的张浚。张浚接诏大惊，慌忙上书请求高宗撤销撤退的命令。他在上书中直截了当地指出：

"若诸将渡江，则无淮南，而长江之险与敌共。淮南之屯，正所以屏蔽大将；使贼得淮南，因粮就运，以为家计，江南其可保护？"

张浚一句"江南其可保护"击中了宋高宗的要害。高宗这才清醒过来，立即命令刘光世、张浚扼守淮南。然而，刘光世此时已经放弃合肥，正在渡江。张浚连夜驰告刘光世：

"如果有人胆敢渡江，立即斩首示众！"

刘光世畏于军令，才不得不领着部队打回合肥。刘光世和伪齐军一接触就发现，失去了金军的支持，伪齐军不过是一只纸糊的老虎，人数虽众，但却完全不中用。刘猊指挥的伪齐军东路军在淮东遭到韩世忠所部的痛击，不敢东向，遂转向定远。刘麟指挥的中路军在濠州（今安徽省凤阳县）遭到张俊的阻击，大败而回。不久，刘猊也在定远以南的越家坊等地遭遇张俊的痛击，龟缩回去。久攻光州不下的孔彦舟所部听说岳飞已经沿江东下，也慌忙退兵。

历史上将岳飞击溃刘豫反攻的战役称为第三次北伐。与历次北伐相比，这次北伐之战规模较小，取得的成果也不大。

岳飞虽然身居高位，但却非常谦虚，有错即改。他经常鼓励部下直言指出他的错误，以便改正。有时候，他犯了点小错，部下们觉得无伤大雅，他却要自责好半天，甚至向部下作检讨。

第十六章　淮西突变

三十功名尘与土，八千里路云和月。

——（宋）岳飞

（一）

绍兴六年的淮西战事完全成了一场闹剧，但这场闹剧产生的影响却极其深远。由于岳飞领兵东下，造成了襄阳等地兵力空虚，为金军和伪齐军制造了可乘之机。

绍兴六年十一月，驻军黎阳的完颜兀术见岳飞东调，中线空虚，以为有可乘之机，遂联合伪齐军向岳飞的防区发动了一次凶猛的进攻。

敌人的主攻方向直指岳家军刚刚收复不久的商虢地区和唐、邓、襄等州府。十一月初七，岳飞抵达江州，便接到了宋高宗的诏书，令其不必再向东进发。岳飞急忙回师鄂州，支援驻守各地的部将。

8天后，岳飞的大军出现在驰援襄阳等地的官道上。金军没想到岳家军出现得如此神速，一下子惊得目瞪口呆。这次战役仅仅持续了个月，伪齐军和金军就大败而回了。岳家军的胜利粉碎了刘豫保住儿皇帝的美梦，也在客观上促使金国改变了对待南宋的策略。

绍兴七年（1137）正月，金国向宋朝通报了宋徽宗驾崩的噩耗。高宗当着臣属的面痛哭流涕，看上去十分痛心。然而，他内心却已打定了罢战求和的主意,因此立即擢升秦桧为枢密使,掌管军事大权。

不过,由于金国尚未抛出"橄榄枝",再加上宋徽宗刚刚去世,高宗还不敢轻易将其罢战求和的意思表露出来。正是在这种背景下,岳飞因抗击伪齐连战连捷之功于二月二十五日被擢升为太尉,军职由荆湖北路、京西路宣抚副使升为宣抚使。

按照惯例,岳飞应该进京谢恩。但南宋此时尚未正式建都,行在(即临时京师)又刚刚由临安迁往平江,岳飞遂赶往平江觐见。太尉是当时武阶官中最高的一级,此时岳飞的职位已与韩世忠、张俊等大将平列。因此,岳飞在朝中已算得上一个举足轻重的人物了。他猜测,此次觐见,高宗皇帝肯定会问一些关于军事部署的问题,于是便在途中做了精心的准备。

果然不出岳飞所料,宋高宗与岳飞见面后,就开始讨论各处的军事部署。岳飞大喜,认为再次北伐已经指日可待了。然而,高宗随后对此事便闭口不谈了。讨论完军事部署,高宗便问道:

"爱卿能征惯战,可有良马?"

岳飞巧妙地回答说:

"良马不以它的力气为出名,而以它的品质出名。臣有两匹马,臣以之为天下至宝。它们每天食豆数斗,喝水一斛,但不是清洁干净的饮食,宁愿饿死也不吃不喝。每次临战,它们一开始跑得不是很快,但百里之后就开始挥动鬣毛,长声鸣叫,奋振四蹄迅速奔跑,从午时到酉时,还可跑两百里(折合100千米);脱下鞍甲不喘息、不出汗,就好像没事一样。这样的马,吃的多却不苟且随便接受食物,力气充沛却不追求逞能炫耀,是到达远路的良材啊!"

在这里,岳飞将自己比作良马,并希望宋高宗高瞻远瞩,不要耿耿介怀于去年北伐的成效不理想,而能交付给自己更多的军队和权力,以承担再次大举的重任。高宗大喜,赞赏岳飞说:

"见识极进,论议皆可取。"

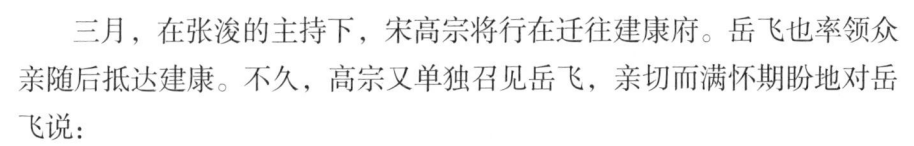

三月，在张浚的主持下，宋高宗将行在迁往建康府。岳飞也率领众亲随后抵达建康。不久，高宗又单独召见岳飞，亲切而满怀期盼地对岳飞说：

"振兴国家、收复国土这件事就交给你了。除张俊和韩世忠外，其他人就全权由你指挥了。"

如此一来，岳飞虽然名义上只是荆湖北路、京西路的宣抚使，实际上已经成了总管全国军队的"宣抚诸路"。刘光世（此时因淮西军军纪不良，面临着被整编的局面）和仍为宣抚副使的吴玠，殿前司、侍卫马军司、侍卫步军司等军总计约16万人的部队，全部被划归到岳飞的管辖之下。

将全国一半以上的兵力划归到一名将领的指挥之下，这在宋朝历史上是从未发生过的事。宋高宗既然打定了罢战求和的决心，为什么又会做出这样的安排呢？从后来的事实看，这很可能是高宗被岳飞的精忠报国之心所感动，一时激动做出的决定。

（二）

岳飞并不知道宋高宗委他以重任只是一时兴起，他盼这一天已经盼了很久。怀着无比激动的心情，岳飞用正楷字工工整整地写了一篇奏札，敬献给皇上。在奏札中，他提出了早已成熟在胸的军事计划，表示用三年的时间就可以收复全部失地。

高宗看完后，很是高兴，对岳飞说：

"有你这样忠心的臣子，朕还有什么可担忧的呢？"

高宗还亲自给岳飞发了两个手诏，让岳飞一定要抓住时机，恢复国土，切不可坐失良机，误了中兴大业。除此之外，他还对岳飞说了一些很动听、很能鼓舞士气的甜言蜜语。

兴奋的岳飞以为"重新收拾旧山河"的时机已经到了，立即投入到北伐的准备工作之中。然而，正当岳飞意气风发地准备北伐之事时，宋高宗的热乎劲儿却过去了。在秦桧和张浚等人的怂恿下，高宗毫不迟疑地给岳飞泼了一盆冷水，从他的手中收回了淮西军的指挥权。

张浚和秦桧为什么要怂恿高宗帝削弱岳飞的兵权呢？秦桧这样做不难理解，因为他本来就是完颜挞懒派到南宋朝廷的卧底，是一个铁杆汉奸，自然不会让百战百胜的岳飞独揽兵权的。

张浚这样做则完全是出于嫉妒。他不满于当空名都督，企图将行营左护军作为都督府的直属部队；而岳飞"宣抚诸路"，其实已在相当程度上取代了都督的职权。张浚一向自视甚高，居功自傲，在他眼里，统一节制全国军马，指挥北伐战争，只有自己才是名实相符，岳飞是不够资格的。

宋高宗不知道该如何面对岳飞，就派了张浚将岳飞召至都督行府，对其宣布此事。在岳飞义正词严的质问之下，张浚也说不出什么冠冕堂皇的理由，只是通知岳飞，说淮西军的指挥已有了新的安排。

性格耿直的岳飞直截了当地说：

"淮西一军多叛亡盗贼，容易发生叛乱，朝廷委任的几名指挥均不足以服众。"

张浚问道：

"张宣抚（指张俊）如何？"

岳飞回答说：

"张宣抚是国之宿将，岳某昔日的主帅。他为暴而寡谋，怎能统领淮西之兵呢？"

张浚再问：

"那么杨沂中呢？"

杨沂中曾追随张俊多年，屡建战功，于绍兴五年被宋高宗任命为权主管殿前司公事，正式成为殿前司长官，统领殿前司军。

岳飞回答说：

"沂中之视德等尔,岂能御此军哉?"

张浚认为岳飞说这个人不适合,那个人也不适合,无非是想扩大自己的实力,愤然说道:

"浚固知非太尉不可也!"

岳飞也愤愤然回答说:

"都督以正问,岳某不敢不尽其愚,哪里是想扩充自己的兵力呢?"

岳飞虽然提出了异议,但皇命不可不遵。岳飞对宋高宗的出尔反尔异常愤慨,于是上奏请求解除军务,理由是与宰相、都督张浚意见不和,无法共事。

很明显,这个理由只是个借口,他无非是想表达对高宗的不满。按照当时的法制,臣属,尤其是军事主帅提出辞呈,必须得到皇帝的批准才能离职。然而,愤慨的岳飞竟然私自离开建康,奔向庐山东林寺,给亡母姚氏守孝去了。

岳飞这一近乎惊世骇俗的"抗上"行为激怒了张浚。他多次上奏高宗,说岳飞早就想夺取兵权了。如今岳飞未经允许就擅自离职,乃是在要挟高宗皇帝。狡诈的秦桧也在此时趁机煽风点火,积极支持张浚,企图整垮岳飞。

(三)

宋高宗没想到事情会闹到这一步。他一方面担心岳飞独揽兵权之后会对自己的统治构成威胁,而岳飞擅自离职的举动更加重了他对岳飞的怀疑;另一方面,他又不能不倚重岳飞。一来,宋金和谈暂时还没达成,他不能没有岳飞;二来,岳家军也不能没有岳飞。

岳飞一走,人马超过10万的岳家军立即陷入群龙无首的状态。和南宋的大部分军队一样,岳家军也收编了不少"游寇"和来自伪齐军队的俘虏。如果能有强有力的约束,这些人都能成为战无不胜的勇士;

但如果缺乏管束，他们很可能会变成侵扰乡民的土匪。

宋高宗强压着心头的怒火，派都督府参议军事张宗元前往鄂州，稳住岳家军。张宗元是张浚的得意门生，对岳飞也抱有很深的成见。还没到鄂州，张宗元就想借机吞并岳家军，将岳飞置于万劫不复之地。

然而张宗元没想到的是，岳家军的士卒根本不听他的调遣。士卒们议论纷纷地说：

"朝廷已经给我们派来一个新的主帅，岳相公恐怕再也不会回来了。"

张宗元无奈，只得把岳飞的副手张宪请出来主持军务。岳飞出走东林寺之后，张宪就称病不出，不再过问军务。很显然，他的这一举动是在支持岳飞，想迫使高宗做出让步。但张宗元来到鄂州之后，张宪就坐不住了。他并不担心张宗元夺取兵权，而是担心士卒们缺乏约束，产生兵变。

恰在此时，张宗元又亲自来请，参谋官薛弼也担心发生兵变，力请张宪扶病主持军务。张宪这才来到军营，对众将校说：

"岳相公心腹间事，唯有薛参谋知之。你们如果想知道详情，问他就可以了。"

众人立即去问薛弼。薛弼趁机说：

"张侍郎（指张宗元）来鄂州主持军务乃是受岳相公之请，难道你们没听说吗？岳相公刚刚离开，你们就败坏军纪，恐怕岳相公听了也不会高兴的！如今，朝廷已遣敕使，请求岳相公复出，张侍郎不会在军中待太长时间的。"

在张宪和薛弼的劝解下，岳家军的情绪方才安定下来，静静等候岳飞复出。

张宗元目睹了岳家军雄威的军容，昂扬的士气，"旗甲精明，卒乘辑睦"，将士们也厉兵秣马，准备"深入"中原，"横行"漠北的情景，不禁为之感动！从此之后，他对岳飞的成见淡化了不少。

宋高宗闻知此事，不敢让张宗元在鄂州待太长时间，急令岳飞的部将王贵和参议官李若虚赶往庐山，敦请岳飞出山。如果岳飞不肯，他们可立即将其斩杀。而且，王贵和李若虚回朝后也得被斩首示众。高宗的这条计策够狠，是有意要逼岳飞就范。

王贵和李若虚带着圣旨，星夜抵达东林寺。但无论他们如何劝说，岳飞也不愿下山复职。到了第六天，李若虚眼见已濒临绝境，不得不以分量最重的话语责备岳飞说：

"难道你想造反吗？这可不是什么美事！如果你坚决不肯下山，朝廷岂有不怀疑宣抚的道理？宣抚本是河北的一介农夫，受天子之委任，付以兵柄，不思报效国家，难道想与朝廷抗衡吗？如果你还是不肯下山，若虚等受刑而死，还可以问心无愧，但宣抚岂不是有负于若虚等人吗？"

此时，薛弼之弟薛徽言也专门写信规劝岳飞。薛徽言曾在绍兴三年前后力荐岳飞，请高宗重用他。岳飞是个有恩必报之人，他见恩公写信规劝自己，又担心李若虚等人受到牵连，只好勉强下山复任去了。

张浚等人为了维护朝廷的颜面，暗示岳飞在复任之前先到行在向高宗"请罪"。岳飞知道，自己拧不过朝廷，而且高宗的面子确实比自己的面子重要。于是，他便在当年六月抵达建康，朝见宋高宗，并上奏说：

"臣妄有奏陈乞骸之罪，明正典刑，以示天下，臣待罪。"

高宗说：

"爱卿之前的奏陈有些轻率了，朕并未怪你。如果朕要怪你的话，早就责罚你了。本朝太祖曾说，凡是敢犯吾法者，惟有剑耳！朕不忍这样做。如今，朕仍令爱卿领兵，担任恢复故土的重任，这足以说明朕并没有责罚你之意。"

高宗的这番话说得很动听，似乎是在宽慰岳飞，但实际却是在警告他：

135

"不要在朕的面前耍花招,否则唯有一死!"

(四)

率部北伐的梦想破灭了,但岳飞并没有因此而沉沦。返回鄂州后不久,岳飞就又上书宋高宗,直言不讳地指出朝廷消极防御,不敢出兵主动进攻的错误。在上书的末尾部分,岳飞坦率地说:

"臣愿率部进驻淮河流域,为北伐做准备。"

就在此时,岳飞突然听闻淮西发生了兵变。淮西驻有5万余人,原由刘光世统领。刘光世虽然出身将门,在战略、战术上也颇有见地,但却畏敌如虎,治军无方,导致军纪涣散,战斗力奇差。张浚等大臣对他的表现深为不满,多次上书弹劾。高宗对刘光世也有些看法,但考虑到南宋政权基础还不稳固,刘光世的行营左护军仍是不得不依靠的军事力量之一,他不仅设法满足其后勤军需的供应,还不断为刘光世加官进爵,以防其部溃散后复为流寇或投奔伪齐。

如何处理刘光世和他的部队呢?左相赵鼎和右相兼都督张浚一直争论不休。张浚认为刘光世骄惰不战,不可为大将;赵鼎则认为,刘光世出身将门,在朝中影响甚大,如果罢免他,很可能会引起骚乱。不久,赵鼎在政治斗争中输给了张浚、秦桧,被罢相,刘光世也在绍兴七年四月被罢为少师、万寿观使。

宋高宗曾被刘光世原先统领的行营左护军划归岳飞指挥,但因张浚和秦桧等人从中破坏,该部被划归都督府直接指挥。高宗派心腹王德为都统制、郦琼为副都统制,统领淮西之兵。王德是个傲慢、蛮横、鲁莽之人。他到任后不久,就激起了全军将士的不满,郦琼随即成为淮西部队实际上的领袖人物。

一直想直接控制淮西军的张浚趁机派他的心腹吕祉以监军身份到了淮西。没想到,吕祉的傲慢和王德相比有过之而无不及,很快又激起了全军将士的不满。郦琼暗地里拉拢了许多将领，准备一齐反抗吕祉的独断专行。

吕祉发觉情形有点不妙，就上书朝廷，请求派大军进驻淮西，同时罢免郦琼的兵权。由于吕祉计划不周，这一消息被郦琼知道了。慌乱不已的郦琼立即率部杀掉了监军吕祉，蛊惑大军投奔伪齐。

郦琼是个很有魅力的将领，虽然他的本部人马只有5000余人，但被他带往伪齐的却达4.2万余人，只有王德本部的8000人留了下来。这就是南宋历史上著名的淮西兵变。淮西是南宋最重要的军事基地之一，也是防备伪齐和金国南侵的前沿阵地。郦琼一反，南宋的淮河防线顿时出现了一道巨大的缺口。

宋高宗闻讯大惊，赶紧召集文武大臣，商议对策。然而，右相兼都督张浚、枢密使秦桧等人除了推脱责任、互相推诿责任之外，毫无应对之策。

恰在此时，张宗元从鄂州返回建康。他向高宗汇报说：

"岳家军将帅辑和，军旅精锐。上则禀承朝廷命令，人怀忠孝；下则训习武技，众智而勇。"

高宗大喜，立即下诏表彰岳飞。随后，他又写了《御札》，嘱咐岳飞防备郦琼，并尽量将其争取过来。

此时，岳飞已经知道了淮西兵变的详细经过。他担心淮西兵变会影响朝廷的北伐战略，便请求高宗允许自己移兵淮西，堵住淮河防线的缺口。

高宗没有同意岳飞的请求，只是让他趁着"盛秋之际，提兵按边"。岳飞立即加强辖区的守备，并亲自率领部分将士，跋山涉水，冒着风雪严寒，巡视边界，以防伪齐军和金军趁机南侵。

137

第十七章　宋金和谈

万岁山前珠翠绕，蓬壶殿里笙歌作。到而今，铁骑满郊畿，风尘恶。

——（宋）岳飞

（一）

绍兴七年初秋，刘豫果然联合金国，准备大举南下。为离间伪齐政权和金国之间的关系，右相兼都督张浚遣使持他的亲笔书信，大张旗鼓地去见刘豫。他在信上说：

"上次陛下说，愿意和我大宋约为兄弟之国，共同抗金。我大宋皇帝已经同意，望陛下速速制定攻打金国的计划。"

刘豫得书大惊，慌忙把张浚的书信烧掉了。伪齐的官员闻讯后，纷纷进谏道：

"陛下为何要烧掉张浚的书信呢？"

刘豫回答说：

"朕从未与南朝（指南宋）约为兄弟之国，更不敢攻打金国。张浚此举意在挑拨离间，谋害于我啊！"

大臣说：

"但陛下也不能烧掉此信啊！本来没什么事，这一烧，金国反倒会认为陛下真的和南朝有来往了！"

刘豫一听，更急得坐卧不安了，连声说道：

"如何是好？如何是好？"

不久，张浚又遣使给郦琼送了一份蜡书。他让使者故意将书信错送给刘豫的官员。刘豫见书信上写道：

"郦都统诈降之计进行得如何了？"

刘豫大惊道：

"原来郦琼这厮是诈降啊！"

就这样，张浚的两封书信使伪齐和金国内部产生了矛盾。刘豫以为郦琼是诈降，而金国又以为刘豫和南宋有勾结，企图攻打金国。

从这一点来看，张浚依然无愧于右相兼都督的职务。不过，由于在淮西兵变中的失职，张浚被罢相已经势不可免了。九月，张浚被罢相，赵鼎重新出任左相。临别时，宋高宗问张浚：

"在满朝文武之中，谁可以代替爱卿担任右相呢？你看秦桧如何？"

张浚回答说：

"臣本以为秦桧有相才，但近来与其共事，才知道他的阴暗。"

宋高宗又让赵鼎决定朝中大臣们的"去留"，他特意问赵鼎说：

"爱卿打算如何安置秦桧？"

赵鼎知道高宗想把秦桧留下来，于是回答说：

"秦桧不可令去。"

在赵鼎和秦桧的共同策划下，行在又从健康撤到临安。当然，这主要还是宋高宗的意思。

在南宋朝廷忙着搬迁时，金国左副元帅完颜挞懒和右副元帅完颜兀术正在研究攻打南宋的计划。为搞清楚刘豫是否真的和南宋有勾结，他们派出大量的间谍，悄悄潜入伪齐和南宋的边境地区，打探消息。

一天晚上，岳家军在边界捉到一名金军的间谍。足智多谋的岳飞立即想出了一个反间计，打算在这个间谍身上做点文章。因此，当军吏把间谍押到大帐时，岳飞故意装出一副惊奇的样子，问道：

"你不就是本部的张斌吗？怎么会去当了敌军的间谍呢？"

说着，岳飞屏退左右，严加追问说：

"我派你到齐国去给刘豫送蜡书，共商诛杀完颜兀术之计。你离开之后，我一直在等你的回音，但左等右等都不来，还担心你出了事情。没想到，你竟然背叛了我！"

岳飞越说越生气，突然提高声音吼道：

"留着你还有何用！来人呐，推出去斩首示众！"

金军间谍渐渐明白了，原来岳飞把自己当成了自己人。他急忙跪在地上，连声求饶道："太尉饶命，请太尉给小人一个立功赎罪的机会！"

岳飞沉思了一会儿，又厉声说道：

"好吧！念在你深入敌境、身不由己的份上，我就饶你这一次。但你一定要立功赎罪，否则，杀无赦！"

金军间谍急忙磕头，连声说道："多谢太尉不杀之恩，多谢太尉不杀之恩！"

岳飞又写了一封信，用蜡封好，交给金军间谍，低声说道：

"此书极端机密，一定要亲手送到宋国皇帝刘豫的手上。"

间谍坚决地说：

"请太尉放心，小人一定完成使命！"

（二）

岳飞满意地点点头，唤进来一个军吏。军吏依照岳飞的吩咐，在间谍的大腿上划开一道口子，将蜡书塞进去后再封好。岳飞又令军吏拿来一些银子，交给间谍，反复叮咛说：

"此书至关紧要，一定要亲手交到刘豫的手上。"

间谍领命而去。

过了一会儿，岳飞又命军吏快马追上间谍，嘱咐间谍说：

"此信极端机密，千万不能泄露半个字！"

间谍唯唯诺诺地答应了。但他还没走出多远，岳飞又派人跑来叮嘱他一定要小心谨慎。如此反复三次，每次都会给他多添一些盘缠。

间谍感到，他身上的这封信非同小可，一定有什么秘密。他不敢怠慢，日夜兼程地赶到金营，将其交给了完颜兀术。

完颜兀术本来就对刘豫有所怀疑，以为他和南宋有勾结。得到了岳飞的密信后，他立即向金熙宗报告了此事。金熙宗勃然大怒，立即命完颜兀术和完颜挞懒以援助伪齐军作战为名，率部开赴开封，伺机废掉刘豫。

十一月，金军从容开进开封，又从容废掉了刘豫。与此同时，他们还放出风声，准备命宋钦宗回旧都当傀儡皇帝。

伪齐政权的垮台对金国产生了极大的冲击，大批伪齐军纷纷南归，投奔到岳飞和其他南宋将领的麾下。

南宋举国上下一片沸腾，将士们士气高涨，均以为收复中原的时机已到。长期沦于金、伪齐统治之下的北方人民也趁机发起抗金运动，希望能够早日实现南北统一。

岳飞趁机上书朝廷，恳求朝廷乘金军处于废立的慌乱时期，打他们一个措手不及，直取中原，实现统一大业。岳飞的上书落到了枢密使秦桧的手中，他随即批示说：

"尽快列出北伐的详细计划，以供朝廷参考。"

岳飞大喜，以为自己筹划多年的计划马上就能变成现实了。他高兴得连觉都睡不着，连忙派人赶到临安，陈述北伐的周密计划及北伐的种种好处。

然而，宋高宗和秦桧又给岳飞泼了一盆冷水。原来，秦桧给他的批复不过是想稳定他的情绪而已，此时的南宋朝廷不但没有北伐之意，反而正在与金国和谈。

绍兴七年十二月，宋高宗派往金国迎回宋徽宗梓宫（即棺椁）的使者王伦回到临安。王伦不但带来了宋徽宗的梓宫，还带来了金国实权派人物完颜挞懒的口讯。主和的完颜挞懒以归还宋徽宗的梓宫、宋高宗的生母韦氏，以及黄河以南的土地为诱饵，向南宋发动了政治攻势。

高宗闻讯大喜，以为自己盼了十余年的和谈就要实现了。在这种背景下，完颜挞懒安插在南宋朝廷内部的秦桧于绍兴八年（1138）三月顺理成章地登上了右相之位。尽管赵鼎、岳飞、韩世忠等人一再向高宗分析北伐的可行性，但高宗却铁了心要卖国求和。

从此，一场议和与反议和的斗争在南宋统治集团内部展开了。朝廷中分成两个旗帜鲜明的营垒。其中，抗战派以岳飞、韩世忠为代表，他们热爱故土，痛恨侵略国土、践踏家园的金人，一心想趁金国内部不稳之际出兵北伐，收复故土。但高宗皇帝、秦桧和张俊等人为了自己的私利，却不惜出卖国家的利益，将议和进行到底。

绍兴八年春，宋高宗再次派王伦前往金国，与女真贵族商议议和的具体条款。初夏，金熙宗答应派遣使臣携带《国书》随王伦前往南宋，与南宋进行谈判。这一消息传到南宋之后，岳飞等一大批爱国将领立即指出，这不过是金国的缓兵之计，切不可相信。

但宋高宗却丝毫不以为意，他装出一副可怜巴巴的样子，在群臣面前说道：

"先帝（指宋徽宗）的灵柩还远在异国他乡，虽然等上几年，再将它迎回，也不会有太大的问题。但皇太后年事已高，我日夜思念，盼望着骨肉早一日能够团聚。这就是我委曲求全的缘故啊。"

秦桧也在一旁附和说：

"我朝历来以孝治国，皇上为尽孝而招来一片骂声，心里不知道有多委屈呢！你们这帮文武大臣不知道体恤皇上的孝心，居然还在这里煽风点火，居心何在？"

（三）

在一片骂声之中，宋金议和的谈判于绍兴八年十一月展开了，金熙宗派"诏谕江南使"张通古携带诏书，和南宋使臣一同到了宋朝。金朝对宋国不称国，只称江南，将金熙宗的诏书不称"国信"，而称"诏谕"，完全没有把南宋当一回事。就连秦桧这种无视人格、国格的人，也感到这么卑微的称呼无法对文官武将们交待。按金国的规定，宋高宗还要面北跪拜张通古，双手接过金国诏书，行臣子之礼。

李纲、张浚、岳飞、韩世忠等一批爱国良臣纷纷上书，反对宋高宗议和。枢密院编修官胡铨将满腔怒火诉诸于纸上，言词锋利，连宋高宗也一起骂了。他指出高宗忘了国恨家仇，含垢忍耻，不仅丧失了自己的尊严，连天下人的尊严也一齐丧失了。最后他提出，必须将主管议和之事的秦桧、王伦等人一同斩首，以平息天下人的怒气。

胡铨这篇正气凛然的文章很快便在民间流传开了。读书人自发地集资刊印，以宣传秦桧的卖国之举。一时间，临安城沸腾起来，几乎每条大街小巷都贴上了"秦相公是奸细"的榜帖。

秦桧吓得昼夜难眠，只得装出一副可怜巴巴的样子，请求高宗治他的罪。和秦桧沆瀣一气的高宗大怒，立即下令将胡铨流放昭州（今广西平乐县），并令他没有诏命不得回朝。枢密院编修属于言官的范畴。宋朝有规定，无论如何，不能杀言官，因此流放边远地区是对言官最严厉的惩罚了。

绍兴八年年底，宋高宗借口给徽宗守丧，由右相兼枢密使秦桧代表他向金国使臣张通古行跪拜礼。金国担心日久生变，不得不降低礼节规格，接受议和。

绍兴九年（1139）正月，历史上臭名昭著的"绍兴和议"达成了。根据该协议，金国将原本属于伪齐的河南、陕西等地归还南宋；将徽宗的遗体和高宗的生母韦氏送归江南。但宋帝必须向金国皇帝称臣，且每年向金国贡献银25万两、绢25万匹。

值得注意的是，金国使者在谈判中多次暗示，他们愿意将钦宗和皇太后一起送回南宋。但南宋的代表们却装聋作哑，视而不见，听而不闻。很明显，南宋臣属都明白高宗的心思，无论如何都不能让这个"昔日的皇帝"和"今日皇帝的哥哥"返回南宋。否则，这个帝位到底由谁坐呢？

和谈成功后，高宗便宣布大赦天下，以盛筵庆贺这来之不易的"胜利"。为欺骗国人，他还下诏，令文武百官进献贺表，并给主战派的官员加官进爵，企图堵住天下人之口。但他这种欲盖弥彰的做法不仅没能欺骗天下人，反而还激起了群臣的反感。

统领行营右护军的抗战派将领吴玠便公开拒绝向高宗进献贺表，以示对议和的抗议。岳飞虽然授意幕僚张节夫起草了一道名为《谢讲和赦表》的贺表，但通篇没有一句歌功颂德的语言。张节夫用诙谐讥讽的笔调，明褒实贬的手法，无情地嘲弄了高宗和秦桧等人的卖国行为。

宋高宗也不管岳飞在贺表中到底说了些什么，总之他向自己上了贺表就行。他当即下诏，给岳飞升官。此时的身兼太尉、检校少保、荆湖北路和京西路宣抚使等一大串文武官衔，其中太尉已经是武官中最高的一阶了。

皇帝有的是办法，他封岳飞为开府仪同三司。开府仪同三司虽然只是个虚职，但却十分显赫，位列一品大员，可以和宰相平起平坐。岳飞感觉自己受了羞辱，接连上书请求高宗收回成命。心虚的高宗坚决不允，接连下了三道诏书，说军队在岳飞的统领之下军威大振，国势渐强，这才使和谈达到目的。所以，岳飞在和谈中功不可没。

可怜的岳飞只能无声地默认了开府仪同三司的官职，但他却从来都没有忘记北伐大业。即使在南宋与金国和谈的"蜜月期"中，他也日夜操练兵马，随时防备金军南侵。

第十八章 决战郾城

当断不断,必受其害!

——(宋)岳飞

(一)

金国和南宋议和只是权宜之计,其目的在于调整战略,以便进一步发动侵宋战争。怀有侵吞南宋之心的完颜兀术无法容忍完颜挞懒等人与南宋议和,想擒杀完颜挞懒等人。

绍兴九年三月,宋使王伦抵达开封,与金国办理交割河南地界的手续。王伦在金国生活多年,耳目众多,完颜兀术帐下也有他安插的间谍。间谍告诉王伦,完颜兀术欲杀死完颜挞懒等人。

王伦忙密奏上报高宗,请其加紧防备,并派张俊驻守东京开封,韩世忠驻守南京应天(今河南商丘),岳飞驻守西京河南府,吴玠驻守长安,张浚重开督都府统领各路大将,以防敌变。如果宋高宗按照王伦的建议部署军队,完颜兀术未必敢南侵。但昏庸的高宗却与秦桧沆瀣一气,对王伦的建议不理不睬。

六月,王伦出使金国。他刚抵达中山府,就被金国扣押起来。女真贵族派宋朝副使蓝公佐回到江南,向高宗提出了一系列无理的要求,如南宋必须用金国年的年号,等等。

南宋朝野震动，抗战之声不绝于耳。双方剑拔弩张，一场大战在即。然而，高宗听信秦桧的鬼话，不肯派大部队进驻河南。韩世忠眼看金朝发生政变，主张先发制人，乘虚攻击。但高宗却斥责韩世忠不识大体。秦桧更是利用自己手中的权力，将大部分抗战派官员贬黜了，并培植大量党羽遍布朝野。如此，他牢牢控制了相位。

绍兴九年七月，完颜兀术发动政变，杀死了完颜挞懒等人，自封为行台尚书省事、都元帅，控制了金国的军政大权，并着手准备南侵事宜。绍兴十年（金天眷三年，1140年）五月，完颜兀术兵分四路，向南宋军队发起攻击。驻守河南的南宋官员闻金军南侵，吓得失魂落魄。东京留守孟庚、南京留守路允迪、西京留守李利用等人，没组织任何抵抗就弃城逃走了，使南宋朝廷以屈辱条件换来的河南各地再次落入金军之手。

高宗闻讯大惊，立即令岳飞、韩世忠、张俊等将领兼任河南、河北诸路招讨使，点兵迎敌。同时，南宋朝廷还发布了讨贼檄文，以节度使的官衔、银5万两、绢5万匹、田100顷、第宅一座，悬赏擒杀完颜兀术。

正当朝廷再次为北伐做准备时，北方人民也掀起了抗金新高潮。在北方各地，太行山的民间抗金武装最为活跃。在京东路（今山东省青州市），岳飞派遣的李宝开辟了抗金游击战场。李宝惯舞双刀，绰号"泼李三"，北宋灭亡后聚众数千人，长期在濮州活动。绍兴八年左右，李宝率部渡过长江抵达临安，希望能进入宋军的队伍。而正忙着和金国议和的高宗对此不理不睬。正当李宝绝望之时，岳飞来到临安觐见高宗。李宝立即设法找到岳飞，向其表明了自己精忠报国的志向。岳飞深受感动，将李宝带编入自己的骑兵部队，并封了李宝"统领忠义军马"的头衔。李宝返回京东路之后，又组织了一支兵马，打出"岳家军"的旗号四处游击，抗击金军。此时，许多和岳飞并没直接联系的民间武装也竖起了"岳家军"的旗号，使金军处处受到打击。

（二）

完颜兀术攻占了开封等地之后，立即纠集汉将韩常、孔彦舟、郦琼，番将龙虎大王完颜突合速等人，合兵攻打顺昌府。恰巧，被南宋任命为东京副留守的刘锜途径顺昌。双方在顺昌城下展开激战。刘锜有勇有谋，其部又大多是"八字军"旧部，能征惯战，将金军杀得人仰马翻，损失惨重。完颜兀术大惊，立即派兵增援。

高宗为了让岳飞早日发兵，在十余天里连发6封诏书，加封岳飞为少保，夸赞岳飞具有三国时期关羽、张飞的忠义和智勇双全；还许诺，胜利后要加倍给岳飞封官进爵。

北上抗金一直是岳飞最大的心愿，他盼这一天已经盼了十几年了。如果不是高宗和秦桧一再阻拦，他可能已经收复了所有失地。因此，岳飞在短短的十余天里就做好了北伐的一切准备。

岳飞在接到诏书之时，已根据金军的进攻路线做好了相应的部署。岳飞命令李宝、孙彦等人率领忠义民兵在黄河北岸沿河东进渡河南下，在兴仁府（今山东省定陶县西）和开封东面牵制金军；命统制官梁兴、边俊、李喜等北渡黄河，进入太行山地区，领导河北、河东等地的民间抗金武装作战。

在正面战场，岳飞命中军统制王贵、牛皋、董先、杨再兴等率主力部队，分别经略洛阳、汝州（今河南省汝州市）、颖昌（今河南省许昌市）、陈州（今河南省淮阳县）、光州等地，伺机攻克开封，而自己则领一军为帅府，统领各部，指挥北伐，，伺机渡河，收复两河失地。

在两翼战场上，岳飞命潼军统制军马吴琦攻入陕川，在中条山集合忠义民兵，接应援军，杀金贼，收得州县；另外，派一支正规军，向西路支援在陕川作战的郭浩。同时，他又派出最得力的部将张宪、姚政率军进入淮西，东援刘锜。

在大军出征的同时，岳飞还部署了襄阳防区的留守，分兵池州，加

147

强了长江中游的防御，以防金军小股部队插入自己的后方。从军事角度看，岳飞的部署可谓天衣无缝。

完颜兀术闻岳家军大举北伐，兵锋直至开封，心下大惊，无心在顺昌与刘锜纠缠，慌忙退入开封。刘锜趁机挥兵掩杀，取得顺昌大捷，创造了在平原地区重创女真骑兵的奇迹。

完颜兀术不敢怠慢，立即分兵驻守颖昌、淮宁、应天府三地，以作为开封的外围屏障。明显，完颜兀术企图以开封为基地，与岳家军展开决战。

（三）

岳飞派入金军的间谍很快将金军的部署情报送来，岳飞根据情报，做了战略调整。

六月十二日，刘锜粉碎了金军的反扑，解除了顺昌之围。张宪立即挥兵折向西北，攻打有金军重兵防守的蔡州，并顺利拿下了蔡州。岳飞当即派马羽去镇守。

牛皋见张宪抢了头功，也不甘示弱。六月十三日，让指挥部队在京西路大败金军，兵锋直指汝州。此后，岳飞麾下的各路将领纷纷出击，逐步逼近开封。六月二十三日，统领孙显在蔡州和淮宁之间大破金朝裴满千夫长的队伍，对淮宁作了一次试探性的军事侦察。

绍兴十年闰六月，岳飞指挥部队开始了第二阶段的战役。首先出击是能征惯战的张宪。闰六月十九日，张宪在颖昌城外20多千米处和金军汉将韩常展开了激战。

韩常是燕京人，少年时随父韩庆和降金，率辽东汉儿军屡立战功，深受完颜兀术的器重，每战必为前锋。据说，韩常能开三石硬弓，射必入铁。而此时他却遇到了更加骁勇善战的张宪。韩常军被杀得落花流水，溃不成军，慌忙龟缩到颖昌城内。张宪乘势追击，不给韩常喘息之机。第二天，张宪所部便攻下了颍昌城。

张宪命董先和姚政守颍昌城，自率主力部队会同牛皋、徐庆等军，东进淮宁府。在岳家军各路大军的合围下，淮宁府城于闰六月二十四日被攻克。完颜兀术为保护开封所设的三个战略据点，在不到两个月的时间里就被拔掉了两个。

此时，岳家军的中军副统制郝晸，率军直扑西京，在离洛阳城30千米处扎营。金国河南知府李成手下有数万汉人军、7000余名女真骑兵、5000多匹战马，实力相当强劲。但郝晸毫不畏惧，亲自擂鼓督战，指挥大军和金军展开了殊死搏斗。宋军士卒进退得当，相互支援，打得李成所部丢盔弃甲，溃不成军。当晚，李成弃城而逃，城里的敌兵纷纷投降。第二天，岳家军光复了西京。这样，开封以南和以西地区牢牢控制在了岳家军的手中。

但此时，岳家军面临的形势开始变得复杂了。由于金军速度太快，岳家军缺少有力的支援，岳家军的兵力愈来愈分散，形成了孤军深入的局面。当时，韩世忠所部在东线战场作战，吴玠在西线战场作战，形势都不容乐观，无法支援和配合岳家军的攻势。

岳飞决定停止正面进攻，逐步向郾城（今河南省漯河市）和颍昌集结，以便以优势兵力攻打开封。

（四）

岳飞所处的中线战场是宋金战争的主战场。尽管一些主要城市已被宋军控制，但城与城之间的一些村庄依然驻有大量的金军。岳家军很难将部队迅速集结。张宪、王贵、郝晸等人只能边清剿散布于各处的金军据点，边向主帅岳飞所在的郾城集结，但进展缓慢。

完颜兀术见有机可乘，遂于七月初亲率完颜突合速、盖天大王赛里（汉名宗贤）、昭武大将军韩常等将领，统1.5万名精锐骑兵，直扑郾城，企图一举消灭岳飞。当时，岳飞所部都在开封外围作战，身边只有数千亲兵，且多为步卒，几乎无法与金军的骑兵相抗衡。但岳飞毫不畏惧，率长子岳云出阵迎敌。出战前，岳飞严厉地告诫儿子说：

"此战事关全局，我儿一定要得胜而回，否则按军法处斩！"

年轻的岳云接过令箭，坚定地回答父亲说：

"请主师放心，末将定然不辱使命！"

岳云舞动着两杆铁锥枪，带军直冲敌阵，双方立即陷入混战之中。老将杨再兴见岳云在阵中越战越勇，大为敬佩，也加入了混战。他单骑冲入敌阵，一杆铁枪挑了许多金兵，并打马直奔完颜兀术而去。

完颜兀术大惊，立即指挥左右两翼的骑兵加入战斗。在宋朝，左右翼骑兵被称为"拐子马"。正面战场战斗正处于胶着状态，金军的"拐子马"一出，宋军便渐处下风。杨再兴身中十余枪，战袍已被鲜血染红，但他依然坚持战斗。

突然，战场上尘土飞扬，杀声震天，岳飞亲自率领40余名骑兵冲了过来。岳飞令40余名骑兵分成两拨，分别向金军左右翼骑兵的侧翼冲了过去。岳飞冲在最前面，左右开弓，箭无虚发，杀得"拐子马"不得近前，失去了作用。岳云和杨再兴等乘势反攻，大败金军。

完颜兀术见骑兵无法取胜，下令将披挂"重铠全装"的"铁浮图"军投入战斗。

"铁浮图"军也称铁塔兵，骑兵和战马皆披有重装铠甲，不畏刀剑。"铁浮图"军每三匹马用皮索相连，进行正面冲击。完颜兀术的5000余名"铁浮图"悉数投入战斗。岳飞令部将董先出战。董先哪里见过这种阵势？他只顾领兵向前冲，结果被金军的"铁浮图"所阻，死伤无数，大败而回。

岳飞闻讯大惊，立即召董先询问情况。董先详细地描述了金军的"铁浮图"。岳飞沉思道：

"士卒和战马皆披有铠甲，唯有在下盘上动脑筋了。"

随后，岳飞对站在身旁的几位将领说：

"你们分成两拨，一拨领3000名步卒去练'钩连枪'，一拨领3000名步卒去训练'藤牌手'。"

"钩连枪"就是带钩的长枪，是专门用来割马腿的兵器。不过，由于士卒们在仓促间无法找到很多带钩的长枪，所使用的兵器庞杂，既有麻扎刀、提刀，也有大斧之类的利器。"藤牌手"就是手持盾牌的步卒。他们组成人墙对付"铁浮图"。

几天后，金军又以"铁浮图"来挑战。岳飞令"钩连枪"和"藤牌手"同时出战，"藤牌手"在外围围成人墙，防止"铁浮图"逃窜；"钩连枪"则冲入敌阵，专砍马腿。一匹马仆地，另外两匹马就无法奔驰，"铁浮图"军乱作一团，自相践踏，死伤无数。两军从中午杀到黄昏，金军一败涂地，狼狈溃逃，岳家军大获全胜。

岳飞的身上有浓重的大男子主义情节,他认为妇女只要在家相夫教子就可以了,不应该干预行伍之事。有一次,岳飞出征,腹背受敌。妻子李娃为保护丈夫的安全,急令守城士卒出城接应。岳飞虽然因此而化险为夷,但事后还是重重责罚了李娃和听从李娃命令的将领。

第十九章　前功尽弃

社稷江山难以中兴，乾坤世界无由再复！

——（宋）岳飞

（一）

郾城大捷是宋军与金军的历次战斗中获得的最大胜利，对此，南宋朝廷作出了极高的评价：

"自羯胡入寇，今十五年，我师临阵，何啻百战。曾未闻远以孤军，当兹巨孽，抗犬羊并集之众，于平原旷野之中，如今日之用命者也。盖卿忠义贯于神明，威惠孚于士卒，暨尔在行之旅，咸怀克敌之心，陷阵摧坚，计不反顾，鏖斗屡合，丑类败奔。"

完颜兀术不甘心失败，遂于七月初十下午令1000余名铁骑军直扑郾城县北的五里店。前沿哨兵发现后，慌忙入禀岳飞。岳家军刚刚经历郾城大战，元气大伤，能调动的军马不多。不过，岳飞并不着急，他还有一支王牌没有亮出来。

因此，接到禀告后的岳飞立即遣背嵬军将官王刚挑选50余名背嵬军官，组成一支精悍的军官队，前往五里店武装侦察。背嵬军是岳家军精锐中的精锐，士卒全部是从各营挑选出来的勇士，个个都能以一当百。

王刚率部抵达五里店，只见金军已摆开一字阵势，企图挡住宋军。王刚领着50余名背嵬军官纵马来到阵前，指着敌军阵中一个穿紫袍、

153

戴头冠之人的人，大声喝道：

"擒贼先擒王，众人随我杀将过去，擒住地方主将。"

王刚一马当先，冲到金军主将面前，挥刀就砍，正中金将面门。金将落马而亡，其众惊慌失措，立即作鸟兽散。王刚用刀挑断金将的军牌，交给懂女真语言的一名军官。军官看了看，大声说道：

"启禀统制，此人名叫阿李朵孛堇。"

王刚命部将用女真文将"阿李朵孛堇"写在一块木牌上，然后又砍下阿李朵孛堇的头颅，将其和木牌一起挂在马脖子上。金军士卒看到人头和木牌，个个都吓得要死，再也不敢接战了。结果，王刚仅以50余骑就击溃了金军1000多人马，还狂追了10几千米。

完颜兀术接连遭到惨败，再也不敢窥伺郾城了。不过，完颜兀术不甘心失败，又以大军插入郾城和颍昌之间的临颍县（今河南省临颍县），妄图切断岳飞与其部将王贵的联系。当时，王贵正在颍昌集结大军，准备合围开封。

留在岳飞身边的岳家军人数不多，又刚刚经历郾城大战，无法强攻临颍。岳飞仔细分析了敌我形势，果断决定在颍昌方向与敌展开决战。他一边命张宪等部将迅速从淮宁府等地赶赴郾城，一边命长子岳云率领部分背嵬军绕道驰援颍昌。与此同时，岳飞还与顺昌府的刘锜取得联系，请求他的军队北上，参加会战。

七月十三日，张宪等将领赶到郾城。岳飞大喜，立即令张宪率领背嵬军、游奕军、前军等部队向临颍发起攻击，逼迫完颜兀术向颍昌靠拢。当天午后，杨再兴率领的前哨部队与金军在小商河遭遇了。杨再兴只有300余人马，而金军的兵力达数千人。杨再兴大惊，立即命令部队后撤，向张宪靠拢。然而，数十倍于己的金军迅速迂回包抄，将杨再兴的前哨部队团团围困起来。

尽管众寡悬殊，杨再兴也毫无惧色。他和300余名将士奋起抵抗，直杀得天昏地暗。突然，天空中下起了大雨。杨再兴一次次怒吼着向金军冲去。他身边的士卒越来越少，到黄昏时分就只剩下他一个人了。

杨再兴望了望四周，见地上满是尸体，其中十有八九是金军将士的，地上的雨水和沟里的积水也都变成了红色，散发着强烈的血腥味。他仰天长啸一声，再一次，也是最后一次向金军发起了冲锋。

在小商河战斗中，杨再兴所部全军覆没，但也重创了金军。据战后的统计，金军在此次战斗中阵亡了2000余人，其中包括万夫长忒母孛堇、千夫长孛堇、百夫长孛堇等百余名军官。

（二）

完颜兀术闻知小商河战斗惨败的消息后，再无勇气同张宪的大军较量，只留下8000名士卒驻守临颍，自己则带领主力军转攻颍昌。岳飞的目的达到了。

第二天凌晨，张宪指挥大军直逼临颍，以摧枯拉朽之势攻下了县城，并追击15千米。金军慌忙撤往颍昌府和开封府尉氏县（今河省南尉氏县）方向。岳家军在打扫战场时，发现了杨再兴的尸体。岳飞、张宪等人含着热泪将焚化，竟从其骨灰中得箭镞两升！

在张宪军攻打临颍的同时，颍昌府会战也拉开了帷幕。完颜兀术率领韩常和另有4名万夫长，带领3万多骑兵在城西列阵；龙虎大王完颜突合速、盖天大王完颜赛里等人，率领十余万步卒在舞阳桥以南摆开阵势，横亘十余里，金鼓震天。

驻守颍昌府的王贵手中有5支军马，包括踏白军、中军、选锋军、背嵬军和游奕军。然而除踏白军之外，另外4支部队都不是全军，总共只有3万余人。以3万余人对13万金军，其兵力之悬殊令人震惊。王贵跟随岳飞多年，深知用兵之道。面对数倍于己的敌军，他丝毫不乱，立即对各部作了部署。统制董先率踏白军、副统制胡清率选锋军守城；王贵亲率姚政、岳飞等人，率中军、游奕军、背嵬军出城决战。

年仅22岁的岳云一马当先，率领800名背嵬骑士抡枪冲入敌阵。紧接着，王贵、姚政也指挥步卒列队迎击完颜兀术的拐子马。两军从日出战

155

到日中，愈斗愈烈，打了几十个回合，不分胜负。金军势大，以车轮战的方式拖疲宋军，王贵等人渐渐不支，岳云也身受百余处创伤。

守城的董先和胡清见宋军渐现败势，立即率领踏白军和选锋军两支生力军，出城增援。王贵、岳云等人又燃起斗志，率部向前冲去。疲惫不堪的敌军哪里见过这种阵势？因此慌忙向后退去。完颜兀术无奈，只好领兵向开封方向退却。

颍昌大捷战果辉煌，岳家军杀敌5000余人，俘敌2000多名、战马3000余匹，金、鼓、旗、枪、器甲之类则不计其数。完颜兀术的女婿、统军使、金吾卫上将军夏姓万夫长当阵被杀。副统军粘汗孛堇身受重伤，抬到开封府后死去。金军千夫长阵亡五人，渤海、汉儿都提点、千夫长王松寿，女真、汉儿都提点、千夫长张来孙，千夫长阿黎不，左班祗候承制田瑾等78名高级将领被俘。退入开封的完颜兀术不由叹息道：

"撼山易，撼岳家军难！"

郾城和颍昌两战是岳家军在第四次北伐中关键性的大捷。在孤军深入，而兵力来不及集中的险境之下，岳家军以极其顽强的斗志粉碎了敌军的反攻，变被动为主动，终于踏上了胜利的坦途。

岳飞见大河南北捷报频传，对北伐充满了信心，他高兴地对部属们说：

"今次杀金人，直捣黄龙府，与诸君痛饮！"

黄龙府（今吉林省农安县境内）是金国最重要的军事和政治中心之一。以当前的形势来看，直捣黄龙绝不仅是岳飞的豪言壮语那么简单。可以说，如果宋高宗和秦桧批准岳飞的作战计划，直捣黄龙很有可能会成为事实。

七月中旬，岳飞令各支部队就地进行休整。几天之后，十余万岳家军开始逼向开封。此时，完颜兀术的十余万大军驻扎在开封西南25千米处的朱仙镇。据岳珂《鄂王行实编年》记载，岳飞在此地以500铁骑重创金军主力，令完颜兀术仓惶撤入开封。

不过，一部分历史学家对岳珂的这一记载颇为怀疑。他们认为，从单纯军事角度来看，完颜兀术不将大军驻扎在开封城内，而驻扎在朱仙镇这样的小地方，是不符合常理的；且以500铁骑重创十万大军也有天方夜谭之嫌。更为重要的是，除岳珂的《鄂王行实编年》之外，南宋的史书再也没有有关朱仙镇大捷的记载。也就是说，朱仙镇大捷很可能是岳珂为神话岳飞而编造出来的。

当然，也有一部分历史学家对这种观点提出了异议。他们认为：朱仙镇大捷肯定存在，只是其规模和战果可能没有岳珂宣称的那样大。从历史发展角度来看，不管朱仙镇大捷是否存在，也不管其规模和战果到底有多大，无可否认的是，岳飞第四次北伐所取得战果为南宋立国以来所罕见！

（三）

岳飞连战连捷的消息传到临安之后，宋高宗那一颗悬着的心终于放了下来。但随着岳飞所取得的战果越来越大，高宗又产生了隐隐的忧虑。如果宋军战败的话，高宗就可以连金国"臣子皇帝"的地位也保不住了，只能像哥哥钦宗皇帝那样，沦为女真贵族的阶下囚。如果宋军大获全胜，直捣黄龙的话，钦宗也势必会被迎回江南。届时，南宋的皇帝又不知道该由谁来做了。

而且，就算岳飞、韩世忠等人率领的北伐军不迎回钦宗皇帝，众将的实力也会有所加强。历朝历代，最高统治者对手握兵权的大将历来都存有戒心，生怕他们拥兵自重，发动政变。高宗皇帝也不例外。

绍兴七年，岳飞曾建议宋高宗立赵眘为太子。赵构唯一的儿子赵旉在苗刘之变后不久就夭折了，年仅3岁。据说，有个宫女在晚上失手打破了一个花瓶，活活将宋高宗的这根独苗吓死了。巧合的是，正值壮年的高宗因为早年逃亡过程中受到惊吓，失去了生育能力。这也导致南宋立国后多年都没有太子的局面。

后来，宋高宗从宋太祖赵匡胤（927—976年，960—976年在位）的后人中挑选了几个孩子养在宫中，其中赵琢和赵昚最得高宗器重。应当指出的是，赵琢和赵昚虽然都有可能被立为皇储，但高宗并没有明确他们的身份。这主要是因为正值壮年的高宗还心存幻想，希望自己能再生个儿子出来。

岳飞曾在皇宫中见过赵昚一面，非常喜欢他的言谈举止。于是，他极力向高宗进言，立年仅10岁的赵昚为皇储。

然而，缺乏政治经验的岳飞在这件事上犯了大错。按惯例，身为朝廷大将的岳飞是不能干预册立皇储之事的，薛弼就曾对他说过：

"身为大将，似不应干预此事。"

但缺乏政治头脑的岳飞却以为此事关乎国家大计，不当顾虑形迹。结果，岳飞自然而然地受到了高宗的训斥。听完岳飞的谏言，高宗淡淡地说：

"卿言虽忠，然握重兵于外，此事非卿所当预也。"

很显然，宋高宗十分忌惮岳飞手中的兵权。万一哪天他与赵昚合伙，自己的皇位岂不是不保？岳飞听了高宗的这句话，吓得"面如死灰"。

时任左相的赵鼎听说这件事后，毫不客气地批评了岳飞一顿。应指出的是，赵鼎和岳飞一样，都主张册立赵昚为皇储。但不同的是，建言皇帝册立皇储是宰相的分内之事；而岳飞身为领军之将，干预册立皇储之事就是严重的越权行为。赵鼎就曾告诫岳飞说：

"这绝不是保全功名、善始善终的做法。"

从此之后，宋高宗就对岳飞严加防范起来。奸相秦桧也趁机进谗，分化高宗和抗金将领岳飞、韩世忠等人的关系，企图破坏南宋的北伐大业。

郾城大战前夕，秦桧担心他的金国主子责怪自己，愁得夜不能寐。怎样才能让朝廷罢战言和呢？就算他以右相和枢密使的双重身份号令岳飞、韩世忠等暂停进攻，他们也未必会加以理会。按照惯例，岳飞、韩世忠等功高权重的统帅在战时只听从高宗一人的调遣。

七月上旬，当岳家军正在向郾城和颍昌方向集结时，率部在中线作战的张俊突然撤军。历史资料表明，张俊此次撤军和可能与秦桧有关，因为张俊南撤会直接导致岳家军孤军奋战的局面。秦桧大喜，认为这是迫使高宗下令岳飞班师的大好时机，理由是岳飞孤军作战，再作抗击就会招致全军覆灭。

殿中侍御史罗汝楫也在秦桧的授意下上奏道：

"岳家军兵微将寡，和金军周旋这么许久实属不易。如今，百姓疲惫，国家贫乏，后勤补给跟不上，如果岳家军再打下去的话，后果不堪设想。请皇上下一道诏书，令岳飞及时班师回朝。"

担心岳飞直捣黄龙的宋高宗听完谏言后，立即遣使向岳飞下达了第一道班师的诏令。由于当时通讯方式不发达，高宗的班师诏令抵达前线时，郾城大战和颍昌大战已经结束，岳飞正忙着筹划攻打开封的有关事宜。

岳飞接到高宗的诏令后，大吃一惊，怎么能在胜利在望之时班师回朝呢？他盼望北伐已经盼了十几年，如今好不容易得到机会，如果此时班师回朝，无疑会前功尽弃。

正所谓"将在外，君命有所不受"。因此，愤慨不已的岳飞并未终止向开封方向的进军，而且还写了一道言词非常激烈的奏章，反对"措置班师"。

岳飞的抗旨行为令高宗又惊又惧。一时间，历代武将夺权的例子一股脑地涌现在高宗眼前。他再也不顾什么北伐大业了，决定无论如何都要将岳飞弄回来，以除后患。

当岳家军和完颜兀术在朱仙镇展开激战之时，岳飞一天之内接到了12道金牌。这12道诏旨全是措辞严峻、不容改变的急令：

"大军立即班师回朝，岳飞前往临安觐见。"

岳飞泪流满面，不禁仰天长叹：

"十年之功，毁于一旦！"

159

第二十章　千古冤情

号令风霆迅，天声动北陬。长驱渡河洛，直捣向燕幽。

——（宋）岳飞

（一）

在12道金牌诏书的压力下，岳飞最终不得不下达班师回朝的命令。众将闻令，一片哗然。张宪、王贵等人不解，纷纷责问岳飞：

"相公为何在胜利在望之际班师呢？"

岳飞沉重地指着高宗的诏命，喃喃地对众人说：

"我们苦苦战斗收复的失地又要沦入金人之手了。中兴大业，恐怕是再也难以实现了。"

一天晚上，大军在一座荒村野寺暂息，岳飞和部将们在月光下相对而坐。突然，岳飞心有不甘地叹息道：

"天下大势，将会何去何从呢？"

众人闻听此言，知道岳飞不甘心班师，不禁唏嘘起来。张宪则起身向岳飞深鞠以躬，大声说道：

"一切都由相公决定。"

岳飞思忖半晌，缓缓摇了摇头，回答说：

"岳某不能违背圣上的旨意，或许这一切都是天意吧！"

百姓们闻听岳家军要班师回朝，都纷纷赶来阻拦。他们成群结队地挡在大军前面，拉着马头，扯着士卒们的衣袖，苦苦挽留。

岳飞看着眼前的情景，心如刀绞，但又无可奈何。他只能拿出皇帝的金牌诏书，给百姓们看，然后垂泪道：

"并非岳某要走，而是形势不允许我留啊！"

岳家军在南撤途中，一再遇到挽留他们的百姓，但岳飞也只能奉命行事。一些不愿再受金人蹂躏的百姓纷纷跟着岳家军，向襄阳等地撤去。

南撤途中，岳飞派部将李山、安贵等人前往河北，接应梁兴等人班师，又令王贵、张宪留守襄、鄂。然后，他带领着2000名亲兵向临安方向进发了。

完颜兀术闻知岳家军已在高宗和秦桧的逼迫下班师回朝，立即返回开封，发兵追击。战局迅速出现了逆转，因撤退而士气低落的宋军根本无心抵抗，纷纷向南溃逃。金军一路南侵，如入无人之境，很快就打到了淮河北岸的宿州。秦桧和高宗推行的投降主义路线帮助金军重新占领了宋军苦战数月收复的失地。

岳飞抵达临安后，见到宋高宗和奸相秦桧一帮奸臣的嘴脸，顿感心灰意冷，竭力请求解除军务，并辞去少保的虚职。高宗担心在此时解除岳飞的军务会像淮西易将一样，导致兵变发生，因此未敢轻动。再说，他还担心正在南下的金军会渡过长江，直捣临安。届时，他还需要岳飞领兵驰骋疆场呢！

就在这时，疲惫不堪的金军向宋高宗抛来了橄榄枝，表示愿意与宋廷和谈。

高宗大喜，立即着手削除岳飞、韩世忠等人的兵权。一天，高宗一面在西湖设宴款待岳飞、韩世忠和张俊三名统帅；一面连夜起草制词，任韩世忠和张俊为枢密使，岳飞为枢密副使，明升暗降，留朝任职。

从表面上看，韩世忠、岳飞和张俊等人的官职升高了，但手中的权力却缩小了。说白了，就是以明升暗降的手段削去众人的兵权。此时

的张俊已经转到投降派的行列。他和秦桧约定，一旦解除了岳飞和韩世忠的兵权，就将天下的兵马全部交给自己。于是，张俊第一个交出了兵权。紧接着，韩世忠和岳飞也相继交出了手中的兵马。

（二）

宋高宗和秦桧削除了岳飞、韩世忠等人的兵权之后，又进行了一场规模浩大的大清洗。几乎所有在抗金斗争中立下战功的主将都被免去了军职，出任文职，其中在顺昌大败金军的刘锜被任命为荆南知府。

随后，在高宗和秦桧的操纵下，南宋朝廷又开始同金国议和。岳飞闻讯大惊，立即上书高宗，陈明议和的种种害处。秦桧见岳飞如此"不识抬举"，心下大怒，便唆使右谏议大夫万俟卨、御史中丞何铸和殿中侍御史罗汝楫等人，出面弹劾岳飞。

万俟卨曾任湖北路转运判官，与岳飞有过接触。岳飞发现此人奸诈狡猾，不可相信，对其十分冷淡。万俟卨由此怀恨在心，一直伺机报复。如今，他见宰相秦桧叫自己弹劾岳飞，心中大喜，暗想："宰相让我这么做，那必定得到了皇上的默许。这一下，看你岳飞还能猖狂几时！"

万俟卨绞尽脑汁，罗列出了岳飞的几条罪证：第一，志得意满，时时有归隐之心；第二，淮西战役，拒旨不行，不肯出师；第三，说楚州"不可守"，公开主张放弃楚州。

此外，他们还把岳飞建议立赵昚为皇储之事翻了出来，横加指责。

万俟卨给岳飞罗列的"罪名"完全是无中生有，"欲加之罪何患无辞"之举。然而，已对岳飞产生忌惮之心的宋高宗非但不帮岳飞洗脱"罪名"，反而还站出来配合众人的行动。

岳飞心灰意冷，遂再三请求解职归乡。不久，高宗便解除了他的枢密副使职务，令他任万寿观使的闲职。岳飞怅然离开临安，重上庐山闲居去了。

　　按理说，岳飞都已交出了军权，秦桧一伙对他的迫害也应该结束了。但秦桧和高宗还十分忌惮对岳飞忠心耿耿的岳家军。只要岳飞不死，岳家军就会听从他的调遣，不管他是否担任指挥。

　　为斩草除根，秦桧和张俊密谋，让王贵等岳飞原先的部下诬告岳飞谋反。王贵跟随岳飞多年，对其忠心耿耿，不愿诬告前主帅。然而，秦桧和张俊有的是办法。他们抓住了王贵的隐私进行挟持。王贵无奈，为了一家老小的性命，只能违心出卖了岳飞。

　　除王贵之外，秦桧一伙还收买了张宪的前军统制王俊。王俊绰号"王雕儿"，本就是个无赖，平常喜欢坑害无辜，无恶不作。自从编入岳家军之后，他从未立过战功，也没有获得升迁，还多次受到张宪的制裁。

　　当王贵从临安返回鄂州后，王俊立即向其投了诬告状，诡称岳云写信给张宪，叫张宪向朝廷假报金人入寇，以助岳飞夺回兵权。

　　王俊的诬告状写得十分拙劣，一眼就能看出许多破绽来。王俊曾将状纸投送湖北路转运使，但不被接受。王贵心里明白，这是在诬陷，但他却违心地将状纸交给秦桧的党羽林大声。当时，林大声奉命总领鄂州军事，正在挖空心思地谋害岳飞。

　　林大声将王俊的诬告状送呈镇江枢密行府张俊处，张俊立即着手准备捉拿张宪。当时，张宪正奉命前往镇江汇报工作。令他没想到的是，此时他已经落入了秦桧、张俊等人编织的大网。因此刚刚抵达镇江，张宪就被控制起来了。

　　丧心病狂的张俊将张宪打得休无完肤，企图逼其诬告岳飞。由于张宪宁死不屈，张俊等人没有得到任何对他们有价值的口供，只好自己动手，编造供词，以告秦桧，将张宪械囚至临安大理寺。

　　秦桧接到供词后，又奏请高宗，要将张宪、岳云押送到大理寺，并召岳飞到大理寺一同审讯。高宗立刻同意了。

绍兴十一年（1141）十一月初十，岳飞正在庐山的私邸中练字，忽然仆人来报：

"杨殿帅来了。"

杨殿帅即殿前都指挥使杨沂中，是禁卫军的长官，高宗皇帝的亲信。岳飞大感不解：

"他为什么要到庐山来？"

岳飞带着疑问来到前厅，接待了杨沂中。两人寒暄完毕，岳飞便开门见山地问道：

"杨殿帅此来何事？"

杨沂中吱唔了半天也说不上话来，只是把秦桧亲手交给他的"堂牒"递了过去。岳飞看着"堂牒"，愣了半晌，然后缓缓说道：

"杨殿帅稍等，岳某更衣后便与你一同前往临安。"

（三）

岳飞无论如何也没想到，在临安等着他的将是一个天大的阴谋。一路上，他和杨沂中讨论着天下大势，依然不忘北伐大业。杨沂中心中有鬼，无论岳飞说什么，他都唯唯诺诺，连声称是。

到了临安城外后，杨沂中与岳飞弃马乘轿，往内城而去。两顶小轿一前一后地走着，岳飞在前，杨沂中在后。走着走着，杨沂中悄悄令轿夫拐入小巷，绕道回家去了。岳飞在轿上闭目养神，正在思考如何说服高宗皇帝，让其打消议和的念头，全然不知外面发生的一切。

轿子忽然停了下来，岳飞睁开眼睛，抬头一看，发现自己不是在朝堂之上，而是在大理寺。岳飞不解地站起来，大声怒问道：

"为何要把我带到这来？"

轿夫们哪里知道其中的缘由，他们只是奉命行事罢了。岳飞焦躁地徘徊着，突然闯进来几个狱吏，瞪着眼睛大吼道：

"这里不是相公坐的地方。御史中丞这个等着你去对证一件大案，快到后厅去。"

岳飞见狱吏如此凶恶，不禁怒道：

"我为国家卖命，不惜性命，为什么要到这种地方来！"

狱吏不由分说，拉着岳飞就来到了一处厅堂。岳飞进来一看，只见张宪和岳云的官服已被剥去，上身赤裸，脖子上戴着沉重的枷锁，浑身到处都是鞭伤，伤口还渗着鲜血，场景惨不忍睹。岳飞简直心如刀绞，满腔悲愤。

这时，一个狱吏大吼一声，用杖子狠狠地击向岳飞。岳飞这才明白，原来自己已不再是十万雄师的统帅，而是阶下之囚了。

为"审讯"岳飞，宋高宗和秦桧特设诏狱，令御史中丞何铸和大理卿周三畏为主审。在审讯过程中，岳飞竭力让自己平静下来，努力为自己辩解，说到激昂处，他一把解开上衣，袒露出后背，背后赫然刺着"尽忠报国"4个大字。

何铸被岳飞的一番爱国之心深深打动了，不忍做出诬陷岳飞这样的伤天害理之事。秦桧知道后，就令万俟卨为御史中丞，继续审理此案。

万俟卨一门心思，只想逼岳飞自诬，于是便捏造出种种不成事实的理由，逼岳飞承认。 岳飞知道他们是故意诬陷，再表白也毫无意义。因此，他在狱中不吃不喝，只求速死。岳飞还将自己满腔的悲愤用8个大字表现出来：

"天日昭昭！天日昭昭！"

岳飞被捕入狱的消息传开后，朝野震惊，爱国百姓和大臣们纷纷站出来为其鸣冤。平民范澄之上书高宗皇帝，大声为岳飞喊冤，结果被秦桧等人迫害致死；齐安郡王表示愿以全家百口性命作保，要求释放岳飞；参加审讯的大理少卿薛仁辅等人也力排众议，企图保住岳飞的性命。但是，高宗皇帝和秦桧已经铁了心要置岳飞于死地了！

已经被罢免枢密使之职的韩世忠也不忍岳飞被害，不顾一切地去找

165

秦桧，质问道：

"岳飞到底犯了什么罪？"

秦桧狡黠一笑，含含混混地回答说：

"岳飞造反之事虽然还不明了，但这件事总归莫须有吧！"

韩世忠愤愤地说：

"'莫须有'三个字，怎么能够使天下人心服呢？"

高宗与秦桧在制造岳飞诏狱的同时，也加紧了对金妥协议和的活动。这就是历史上的第二次绍兴议和。由于岳飞的冤案吸引了百姓和文武百官的注意力，也震慑了一大批爱国将领，因此此次议和没有遭到什么反对。

根据第二次绍兴议和的协议，南宋对金称臣；每年向金国贡银20万两、绢25万匹；宋金间东以淮水、西以大散关为界。

这就是一个赤裸裸的卖国求和协议，南宋拱手将金国通过战争得不到的土地送了过去。

绍兴十一年十二月二十九日，万俟卨等人通过秦桧匆匆给高宗上了一个奏折，要将岳飞处斩。虽然判刑的理由不明不白，但高宗还是迫不及待地下了诏令，指明将岳飞赐死，将张宪和岳云按军法处置。

当天晚上，年仅39岁的爱国将领、抗金英雄岳飞遇难，张宪和年仅23岁的岳云也被斩首于临安闹市。

岳飞死了，但他的爱国精神和斗志始终存在。20余年后，赵昚登基为帝王，是为宋孝宗。他在太上皇（即宋高宗）的授意之下，为岳飞平了反，并寻回岳飞的遗体，葬在西湖边的栖霞岭下。

孝宗之后，全国各地公开纪念岳飞的庙宇也犹如雨后春笋般纷纷拔地而起，而卖国求荣的秦桧则遭到了人们的唾弃。后来，愤怒的百姓还刻了他的雕像，让其永远跪在英雄岳飞的庙前赎罪！

岳飞生平大事年表

1103年（崇宁二年）3月24日，岳飞出生于北宋相州汤阴县永和乡孝悌里（今河南省安阳市汤阴县菜园镇程岗村）一个贫苦的农民家庭。

1114年　师从周同学习击技，技艺精湛。

1118年　娶亲刘氏。

1119年　长子岳云降生。

1122年　真定府知府刘韐招募敢死义士，岳飞应募。

1130年　诏令收复建康，大败金人于建康东南15千米的清水亭。不久，又大败金人于新亭。

1134年　襄阳陷落，岳飞出师北伐，收复襄阳六郡。8月，岳飞为清远军节度使。9月，金、伪齐合兵南侵淮西，岳飞奉诏出师，大败金人于庐州，金人退师。

1135年　5月，受镇宁崇信军节度使，封武昌郡开国侯。6月，平定杨幺之乱。

1136年　3月，徙镇武胜定国节度使。8月，北伐收复商州、虢州。11月，伪齐进犯江汉，岳飞破伪齐加兵宛、叶之间。

1137年　拜太尉，升宣抚使。

1140年　5月，金人背盟南侵。6月，岳飞出师北伐，复颍昌府、河南府等十余州郡，先后攻取郾城、颍昌、朱仙镇等大捷。但因班师回朝，所得州郡又陷于金国。

1141年　1月，金国再犯淮西，岳飞领8000名骑兵驰援淮西。还朝，罢宣抚使，授枢密副使。10月，下狱大理寺。

1142年1月27日（绍兴十一年农历十二月二十九日），一代名将岳飞在杭州大理寺狱中被杀害，时年39岁。其子岳云及其部下张宪也被斩于临安闹市。